饮食经济学

［日］下川哲 著
王蕾 译

食べる経済学

中国原子能出版社　中国科学技术出版社
·北　京·

Taberu Keizai-gaku
Copyright © Satoru Shimokawa
ISBN：978-4479393740
First published in Japan in 2021 by DAIWA SHOBO Co., Ltd.
Simplified Chinese translation rights arranged with DAIWA SHOBO Co., Ltd.
through Shanghai To-Asia Culture Communication Co., Ltd
Simplified Chinese translation copyright © 2024 by China Science and Technology Press Co., Ltd.
All rights reserved.

北京市版权局著作权合同登记　图字：01-2022-4644。

图书在版编目（CIP）数据

饮食经济学 /（日）下川哲著；王蕾译 . —北京：中国原子能出版社：中国科学技术出版社，2024.1
　ISBN 978-7-5221-2944-0

Ⅰ . ①饮… Ⅱ . ①下… ②王… Ⅲ . ①饮食—经济学 Ⅳ . ① F407.82

中国国家版本馆 CIP 数据核字（2023）第 161608 号

策划编辑	王碧玉	文字编辑	孙　楠
责任编辑	付　凯	版式设计	蚂蚁设计
封面设计	东合社·安宁	责任印制	赵　明　李晓霖
责任校对	冯莲凤　邓雪梅		

出　　版	中国原子能出版社　中国科学技术出版社
发　　行	中国原子能出版社　中国科学技术出版社有限公司发行部
地　　址	北京市海淀区中关村南大街 16 号
邮　　编	100081
发行电话	010-62173865
传　　真	010-62173081
网　　址	http://www.cspbooks.com.cn

开　　本	880mm×1230mm　1/32
字　　数	146 千字
印　　张	7.25
版　　次	2024 年 1 月第 1 版
印　　次	2024 年 1 月第 1 次印刷
印　　刷	北京华联印刷有限公司
书　　号	ISBN 978-7-5221-2944-0
定　　价	59.00 元

（凡购买本社图书，如有缺页、倒页、脱页者，本社发行部负责调换）

有种观点是:
如果人们每天吃肉,
还钟爱鸡蛋和牛奶,

那么,
人们对地球的影响将超乎想象!

前言

"饮食"与"经济学"有何关联?

大家好!我是下川哲。

首先感谢各位读者阅读此书。

你心中肯定有这样的疑惑,"饮食经济学"这名字挺特别,**"饮食"**和**"经济学"**有何关联呢?本书将对二者关系进行深入探讨。实际上,它们的关系十分紧密。

更准确地讲,我们的日常饮食行为与整个地球休戚相关,我们要想了解这种关系的原理,借助经济学的理论与观点是再合适不过的了。

"整个地球"的说法可能过于宽泛,不易理解。那么举个例子,如**"全球问题"**,看到这个词你会想到什么呢?我脑海里浮现的是当今社会的一些问题,如**人口增长、贫困、城市化、气候变化与联合国可持续**

发展目标[1]（Sustainable Development Goals，SDGs）等。这时你肯定要说："不会吧！我的'饮食'竟然与这么宏大的命题休戚相关吗？"

对，这绝非妄言。

本书首页（奶牛那一页）的观点也值得人们思考。

试着从本书中找找答案吧。读过本书之后，你**对饮食的观点**将发生怎样的变化呢？

昨天我吃到了来自全日本十五个道县和其他八个国家的食材。听起来夸张，但其实都是些平平无奇的饭菜。

早餐是煎鸡蛋、沙拉、苹果和咖啡，中餐是烤鱼套餐、点心和香蕉，晚餐是什锦火锅，餐后还吃了橘子。

主要食材和产地为：日本新潟县产的大米、茨城县产的鸡蛋和白菜、福岛县产的番茄、群马县产的黄瓜、静冈县产的生菜、青森县产的苹果、千叶县产的胡萝卜、北海道产的洋葱、岩手县产的裙带菜、佐贺县产的鸡肉、埼玉县产的大葱、栃木县产的茼蒿、长野县产的金针菇、德岛县产的香菇、和歌山县产的橘子，菲律宾产的香蕉，美国产的银鳕鱼，印度产的虾，埃塞俄比亚产的咖啡，墨西哥产的食盐，挪威产的盐渍青

---

[1] 联合国可持续发展目标是联合国制定的17个全球发展目标，在2000—2015年千年发展目标（MDGs）到期之后继续指导2015—2030年的全球发展工作。——译者注

花鱼、阿曼产的扁豆、巴拉圭产的芝麻等。

这仅仅是一天的饭菜，如果是一周或一年，涉及的食材和产地会更多。

之所以这么说，是希望大家意识到，正是因为全世界众多产地的供给，才有了我们的日常饮食。

为了分析得更加透彻，我们来看看一人份的牛肉盖浇饭所必需的材料。100 g 牛肉、70 g 洋葱、250 g 大米、10 mL 酱油和一小勺白砂糖。再往上追溯，需要 1.1 kg 玉米、560 L 水和 1 ㎡ 耕地。

也许很多人会纳闷儿：牛肉盖浇饭不需要玉米，也不需要那么多水啊！的确，在盛牛肉盖浇饭的大碗中找不到玉米，蒸米饭、煮牛肉这些程序所用的水也很少。虽然表面上看不出来使用了这些原材料，但实际上间接使用了。

饲养肉牛必须用玉米等饲料和水。种植水稻、洋葱和饲料作物时，水和土地则是必不可少的。也就是说，1.1 kg 玉米或其他饲料、560 L 水以及 1 ㎡ 以上的耕地所蕴含的营养成分，转换成 100 g 牛肉、70 g 洋葱、250 g 大米，被间接消费了。

而且，即使牛肉的外包装标签上写着"国产"二字，也只能代表这头牛是在日本国内饲养的，它所吃的饲料却基本上来自美国或巴西。如果我们将视野拓宽到生产农畜产品（agricultural and livestock products）所需的原材料，我们就会发现，关乎自己日常饮食的地区与原材料比前面所记述的更广、更多。

由此可见，我们的日常饮食几乎与全球的土地、水等自然资源有关。生产食品所需的自然资源将被传承百年、千年，因此，我们现在的饮食和未来人类的饮食也是有关系的。

看似平常不过的日常饮食却拥有强大的影响力。它通过覆盖全球的生产流通网络，借助连接现在与未来的自然资源，使我们的想象力无限延伸。

这么说大概很难让人理解，其实我所了解的也不过尔尔。人的认知能力是有限的，不理解也很正常。现实世界纷繁芜杂，人所认知到的只是局部或者被过滤后的世界。现实与人的认知之间横亘着一条鸿沟，而这条鸿沟正是让我们不理解的根源。

也有人会说："日常饮食会影响到整个地球？这也太夸张了！"他恐怕只考虑自己和家人的食量。事实上，截至2022年11月15日，全球人口达到80亿，每人每天都要饮食。假设每人每天吃10 g牛肉，全球人一年吃掉的牛肉总量为10 g×80亿×365=29.2 Mt。而饲养这些肉牛约需321.2 Mt玉米等饲料作物，种植这些作物至少需要303800 km^2（日本耕地总面积的6倍以上）的耕地。

这么分析下来，应该不会认为"饮食影响全球"的说法过于夸张了吧！也许还有人说，只有发达国家的饮食才会那么国际化吧！有人片面地认为"发展中国家多为自给自足的农业国，而发达国家多为依赖进口食品的工业国"。而事实上，许多发展中国家都是食品进口国，食品出口量大的大多是发达国家。

人类认知能力的局限性（固有的意识思维）催生了现实与认知的"鸿沟"，而这条鸿沟正是各种饮食类社会问题的主要诱因。

本书将以人类固有的思维意识为基础，运用农业经济学（agricultural economics）的理论与观点，围绕人类日常饮食相关的社会问题——进行阐述和探讨。

也许有人认为，用经济学的理论与观点分析食品问题是很荒唐的。但恰恰相反，这种分析非常科学。市场结构与组织形式的发展正是食品环境复杂化的重要原因之一，而经济学正是一门分析市场结构与组织形式以及相关人类行为的系统化学科。其中着重研究食品市场结构与组织形式以及相关人类行为的经济学称为农业经济学。食品领域错综复杂，不易被大众所理解，所以我们只能尝试将其简单化，而最合适的工具便是农业经济学。

农业经济学的研究对象不仅包括食品，还包括服装行业所用的棉花和建筑行业所用的木材等。因为本书只关注食品类的研究对象，所以应该说使用了"食品经济学"的理论与观点更为合适。

食品经济学的内容大致可分为食品的制作（生产）、销售（市场）、食用（消费）三部分，三者相互作用，关系复杂。本书在解析和查明这些关系时，拟将中心定位在与大众关系最为紧密的"饮食"上去考察整体关系，因此我将本书命名为"饮食经济学"。

饮食对我们来讲是最为熟悉、最不可或缺的活动之一。然而，随着近年来城市化及全球化进程的发展，食品环境及其未来前景越来越复杂，我们甚至明显地感觉到难以理解饮食的社会意义及现状。

因此，我试图通过饮食经济学这个工具，最大限度地结合实际感受，对目前复杂的社会及其未来前景做出一些解读。虽本书内容浅薄，但若本书能为诸位在未来社会生存中提供些许帮助，我将深感荣幸。

目录

第一部分 连接地球与餐桌的感觉——由饮食塑造的社会

第一章 "饮食"与"食品生产"

为何"饮食"具有特殊性？　　　　　　　004
饮食需求的量化　　　　　　　　　　　008
"食品生产"也具有特殊性　　　　　　　010
看看餐桌的另一端吧　　　　　　　　　016
为何我们不能真正理解"食品生产"？　　019

第二章 食品市场连接整个社会

何谓食品市场？　　　　　　　　　　　021
市场带给我们便宜又美味的食物　　　　022
假如日本可以自给自足　　　　　　　　024
发展中国家与国际市场的密切关系　　　027
分工是市场发展的产物　　　　　　　　029
在分工中消失的东西　　　　　　　　　032

第三章 食品市场的局限性

效率与公平不可兼得？　　　　　　　　036
食品市场能力不足的三种类型　　　　　037
什么是最理想的"饮食"？　　　　　　　039

第二部分 饥饿者与浪费者——饮食相关的社会问题

第四章　无法回避的自然法则

食品价格不稳定　　　　　　　　　　043
农业可以带来稳定收入吗？　　　　　044
农作物非一日之功　　　　　　　　　047
气候变化与食品的复杂关系　　　　　049
国际食品市场日益重要　　　　　　　052

第五章　即使市场是高效的

营养不良人数与肥胖人数均呈增长趋势　055
食物供给存在地区差异　　　　　　　057
贫穷国家的肥胖人群也呈增长趋势　　058
营养不良人数与肥胖人数不能同时减少吗？　060
"食品损失"包含鱼骨吗？　　　　　　061
被丢弃的日本食品　　　　　　　　　064
世界食品损失的类型　　　　　　　　065
控制食品浪费是为了谁？　　　　　　068
为何不能消除食品浪费？　　　　　　070

第六章　归因于市场失灵

"食品安全性与食品伪装"的难题　　　073
食品伪装仍在继续　　　　　　　　　077
为何屡禁不止？　　　　　　　　　　078

"肉食与环境"问题的根源　　080
空气与水免费的困局　　086
过量食肉是因为肉太便宜了？　　088
日本的食肉情况　　091

第七章　难以摆脱的政治意见

过度保护本国农业引发的混乱　　095
非常时期出口管制的正当化　　099
出口管制对日本的影响　　102

第八章　人性的难

"饮食"中易产生偏见？　　106
营养不良应该再少些　　109
决定孩子生死的思维定式　　112
追悔莫及的肥胖与环境　　115
对食品安全性的
　过度反应（Overreaction）　　119
错误估计自己的影响力　　123
"食品生产"中也存在偏见　　125
为什么好方案不被采纳？　　126
不使用肥料的荒唐事　　129
人性缺陷尚存　　131

第三部分 挑战未来
——为优化『饮食』而不断探索和试错

第九章　直面自然法则

长期保存和产地接力	136
基因组编辑的可能性	137
用植物和细胞制作肉类	141
昆虫食品的选项	145

第十章　立足于食品市场的局限性

相对价格是关键	154
改善环境比改善健康更有效	156
是获取还是需要？	159
给食品标签划重点	161
温室气体排放权交易制度的目标	168
通过数字化转型 　保障安全・安心・可持续发展？	171

第十一章　考虑"人性"因素

推动"饮食"发展	175
塑造"先思考再选择"的情景	176
塑造"可以下意识地 　做出更佳选择"的情景	180
推动"食品生产"的发展	185
切忌期望过高	189

第四部分 想象未来——从"饮食"角度思考未来社会

第十二章 未来的"饮食"

什么是"健康可持续的饮食生活"?	193
必要的变化和成本是多少?	197
平衡的对策很重要	201
从未来视角去思考	203

参考文献   **209**

第一部分

连接地球与餐桌的感觉
——由饮食塑造的社会

本书的第一部分内容从整体上介绍了饮食相关的社会结构与基于经济学角度的分析思路。第二部分内容则深入挖掘了饮食相关的社会问题。可以把第一部分当作第二部分的"热身"。

本书所使用的饮食一词基本等同于食品消费。之所以说基本等同，是因为食品消费不仅包括饮食消费，还包括食品损失等。而饮食较侧重于饮食消费。而且，食品消费读起来略显严肃和死板，容易令读者产生心理上的距离感。相较之下，我选了饮食一词，希望大部分读者能切身感受到这种行为是与自身息息相关的。

同时，也是希望用喜闻乐见的词语，更加明确地表示饮食和食品生产的区别。还有一个原因，就是在食品生产领域找不到和饮食相对应的浅显易懂的词语。如果硬要找一个，那就只有"制作"。但"制作"又不局限于食品。所以，在讲到食物制作时，我就直接用"食品生产"这样的表述了。

也许有人觉得不统一，读起来很别扭。但正是这种不统一，恰恰反映了我们对食品消费与食品生产的不同认识，以及两者与生活的密切程度。

第一章
"饮食"与"食品生产"

要想满足人们的日常饮食，必须先生产食品，这么说可能更有利于理解"饮食"与"食品生产"表里一体的关系。

正如料理需要食材，"食品生产"也离不开空气、水、土壤、阳光等自然资源。可以说，"饮食"经由"食品生产"，与"自然资源的利用"也是表里一体的。

"饮食"与"食品生产"，"饮食"与"自然资源的利用"这两组关系十分密切，难以分割。人们能否正确理解这两组关系，以及理解的程度如何，决定了"饮食"与整个社会的相关性。

先来看看"饮食"的社会意义。这里讨论的并不是农业综合企业（agribusiness）和食物业（foodbusiness），而是更加抽象的根本性问题。

从经济学角度来讲，"饮食"即"消费食品"。是否有人觉得"饮食"与"消费"两个词哪里不太一样？这是因为"饮食"不同于单纯的消费，它更加直接地关系到生命。人人都要消费食品。

对"饮食"的特殊感觉来源于食品这种"商品"（goods）的特殊性。"商品"是经济学术语，是影响人类满意度的事物的总称。在消费与生产两方面，食品与服装、书籍等其他商品有着较大差异。为了解读"饮食"与整个社会的相关性，需要做一些必要的说明。虽然理解起来有难度，但还是请耐心地读下去。

● 为何"饮食"具有特殊性？

与消费其他商品相比，"饮食"之所以具有特殊性的原因有以下几点。

（1）将体外之物摄入体内

"饮食"，即消费食品，就是将食品摄入体内。而消费其他商品时，不需要摄入体内，只需单纯使用就可以了。

这种明显差异对消费行为的影响非常大。通俗一点来讲，可以把"身体"比作"自己的家"。大部分人对让谁进入自己家都非常慎重。而且很多时候，我们没什么理由，只是因为喜好或当时的心情而不愿让别人进入自己家。如果有人趁自己不注意溜了进来，我们恐怕立刻要把他赶出去或者报警。

对于在自己家外面的人，他是谁？在做什么？我们往往并没有那么在意。当然，也要看他离你家是远还是近。如果他就在你家前面，虽然有些介意，但仍会充分包容，冷静处理。你会心想"应该一会儿就走了吧"或者"也许是工作关系吧"。这种反应差异类似于对食品与其他商品的反应差异。

再比如，在购买的便当中发现一根头发，和在购买的书中发现了一根头发，哪个会更令你介意？也许两者都会，但显然便当里的头发更令人不悦。即使没有实际损害，也会有人将便当退掉。但很少人会因为书里有根头发便将书退掉。

举一个更容易产生意见分歧的例子。

超市里被退货的瓶装绿茶和橡皮，定价均为 100 日元，均未开封，但因为是退货商品，便打了九折。店内同时售有新品，定价也是 100 日元。如果你刚好要买一瓶绿茶和一块橡皮，你会选新品还是退货商品呢？

也许很多人认为，反正未开封，肯定选便宜的。但也有一部分人认为，可以选择打折的橡皮，但不能选择打折的绿茶。即使都选择了退货商品，但与橡皮比起来，有人会纠结到底喝不喝这绿茶。

这种差异卖方也经常看到。近些年不太流行使用塑料袋了，所以塑料袋也很少见。但以前在便利店等地，店员帮客人装袋时经常会问："需要帮您把食品和其他东西分开装吗？"虽然只是照章办事，但这种"章"的存在，正说明了有相当多的客人是介意的。

在日常生活中经常可以看到，人们对食品和非食品类商品的反应不同。与其他商品的消费相比，人们对饮食更加谨慎，更有可能凭直觉做出某种决定。

（2）具有生理界限

我们生存在这个世界上，就不得不消费食品。因为我们需要摄入一定的能量使身体保持活力。即使在身体完全不动的情况下，我们也需要摄入一定的能量，以帮助身体内部各项生理活动正常进行，维持生命。通常，成年女性一天至少需要大约 1100 kcal，成年男性一天则至少需要约 1500 kcal。

同时，从生理上来讲，人一天内的饮食量也有上限。吃过自助餐的人请回忆一下当时的场景。许多自助餐厅标榜 90 分钟内畅吃，但实际上，大部分客人不到 60 分钟便吃得肚皮滚圆。即使食量远远大于常人的大胃王选手，一餐最多也只能吃下约 10 kg 食物。

这种生理上的界限会对"饮食"的经济层面产生影响。比如，随着收入和物价的变化，人一天内的饮食量会如何变化。

人们无论多么贫穷，都必须摄入最低量的食物，而即使人们很富有，一天的饮食量也不会增加多少。这点从官方数据可以反映出来。

我们拿美国和位于非洲的乍得做一下比较。首先，从世界银行的数据来看，2018 年美国的人均名义 GDP（Nominal Gross Domestic Product）为 62997 美元，而乍得的为 726 美元，美国的人均名义 GDP 约为乍得的 87 倍。根据各国物价差异等

---

① 名义 GDP 也称货币 GDP，是指以生产物品和劳务的当年销售价格计算的全部最终产品的市场价值。名义 GDP 的变动可以有两种原因：一种是实际产量的变动，另一种是价格的变动。也就是说，名义 GDP 的变动既反映了实际产量变动的情况，又反映了价格变动的情况。——译者注

因素修正过的人均购买力平价（Purchasing Power Parity，PPP）GDP 也相差了约 39 倍。

根据联合国粮食及农业组织（Food and Agriculture Organization of the United Nations，FAO）提供的数据，2018 年美国的人均每日膳食能量供给为 3782 kcal，乍得为 2115 kcal，前者约为后者的 1.8 倍。然而，联合国粮食及农业组织提供的数据是供给量，而非摄入量的数据。实际上，并不是所有供给的食物都被消耗掉了。如果美国人浪费的食物比乍得人浪费的食物多，那么二者实际摄入的能量差异将进一步缩小。

同时，食品消费支出的差异将进一步扩大。美国每年人均食品消费支出约为 2600 美元，仅人均食品消费支出就是乍得人均名义 GDP 的 3 倍以上。目前尚未查到乍得人均食品消费支出的官方数据，但我们可以先看看人均名义 GDP 比乍得高出三成的坦桑尼亚。坦桑尼亚的年度人均食品消费支出约为 200 美元，还不到美国的十分之一。但比起人均名义 GDP 的差异，已经非常小了。

通过对比可以看出，国家之间的收入差异最大，食品消费支出差异相对较小，食品需求量的差异则更小。经济学上将这种需求量不受收入影响的商品称为必需品，它们的特点是日

---

① 购买力平价是根据各国不同的价格水平计算出来的货币之间的等值系数。目的是对各国的 GDP 进行合理比较。购买力平价汇率与实际汇率可能有很大的差距。在对外贸易平衡的情况下，两国之间的汇率将会趋向于靠拢购买力平价。——译者注

常生活必需。衣服和住宅等也属于必需品，而食品是维持生命所绝对必需的商品，人类对它有着特殊的最低生理需求。

食品需求量同样不受价格高涨的影响，即使涨价，人们为了生存也不得不购买自己所需的基本食物。相反，即使食品价格猛跌，只要不是一直处于供给不足的状态，便不会有人在一日之内食量猛增。比如，如果大米价格从平常的 2500 日元 /5 kg 下降至 1250 日元 /5 kg 时，可能会有人多囤两袋，但很少有人的当日饭量会增加一倍。因此，即使食品价格变化，人们一日内的食量也不会跟着变化，也不可能发生变化。所以，人们的食量也不受价格的影响。

● 饮食需求的量化

在经济学领域，如果要用数据衡量收入与价格变动引起的需求量变动，势必会用到"需求价格弹性"（price elasticity of demand）[①]和"需求收入弹性"（income elasticity of demand）这两个指标。

所谓需求收入弹性，是指当收入发生 1% 的变动时所引起的商品需求量变动的百分比。

同样，所谓需求价格弹性，是指当商品价格发生 1% 的变

[①] 在翻译本书时对所有专有名词都加入了英文名，以帮助读者更加准确地理解其含义。——译者注

动时所引起的该商品需求量变动的百分比。更准确地讲，这种价格弹性叫作"自身价格弹性"（own-price elasticity）。因为它是由商品本身价格变动所引起的该商品需求量的变动决定的。例如，假设大米价格每上升 1%，人们对大米的需求量便降低 0.3%，用需求变动量（–0.3%）除以价格变动量（1%），便可得出自身价格弹性为 –0.3。同样，当大米价格下降 1% 时，人们对大米的需求量便上升 0.3%，用 0.3% 除以 –1%，也可得出自身价格弹性为 –0.3。通常价格和需求量呈反向变动关系，所以自身价格弹性恒为负值。

再说点题外话，为什么用百分比来表示弹性的变动量呢？这是因为虽然商品价格和需求量的单位不同，但还是可以相互比较的。比如，假设大米的单价为 2000 日元 /5 kg，需求量单位为 kg，牛奶的单价为 200 日元 /L，需求量单位为 L。在两者价格均上升 100 日元的情况下，大米的需求量降低 0.5 kg，牛奶的需求量降低 0.5 L。但由于需求量的单位不一致，所以无法直观地比较需求量的受影响程度。如果表示为"大米价格每上升 1%，需求量降低 0.1%"，"牛奶价格每上升 1%，需求量降低 0.5%"，那么需求量的单位便统一了，也就可以比较其受影响程度了。需求收入弹性也是同样的道理。

再从弹性的角度来思考一下所谓的"食品需求量基本不受收入和价格的影响"。这是指在需求收入弹性和自身价格弹性均小于 1 的情况下食品需求量"基本不受影响"。越是生活中必不可缺的商品，弹性越趋近于零。所以，食品的需求收入弹性和自身价格弹性一般都小于 1。当然，食品的重要性不同，其弹性也是不同的。

根据日本的市场需求，可推算出大米的需求收入弹性和自身价格弹性分别为 0.01 和 –0.06，肉类的需求收入弹性和自身价格弹性分别为 0.49 和 –0.36。这些数据意味着，与大米相比，肉类需求量更容易受到收入和价格的影响。具体来讲，如果收入增加 1%，对大米的需求量只会增加 0.01%，而对肉类的需求量会增加 0.49%，肉类需求量受收入影响的程度是大米的 49 倍，受价格影响的程度是大米的 6 倍。而娱乐行业的需求收入弹性和自身价格弹性分别为 1.29 和 –0.94，比肉类的受影响程度还要大。

接下来，我将围绕"饮食相关的社会问题"进行深入分析。前面所讲的饮食与收入及价格的关系，对我们理解这个问题非常重要，请务必牢记。

● "食品生产"也具有特殊性

如果说与消费其他商品相比，饮食具有特殊性，那么"食品生产"也有着其他生产所不具备的性质和特点。我将对其进行逐个分析。

（1）不可战胜的自然力

植物可以利用太阳能，将水和空气中的二氧化碳转化为有机化合物（主要是糖类）。如果没有自然环境的帮助，人们就无法通过植物的光合作用进行食品生产。

我们在超市中经常看到来自植物工厂的蔬菜，但仅限于番茄和可做沙拉的蔬菜。因为在植物工厂，只有种植它们是比较合算的。而人类生存最需要的谷物（大米、小麦等）则必须在广阔的土地上种植。无论从物理层面还是从经济层面，谷物种植在植物工厂都没有什么优势。

无论技术如何进步，大部分食品的生产仍严重依赖自然资源。

这意味着，食品生产量每年都在变化，而且不可避免。有些年头产量不好，有些年头却大获丰收，所以完全控制生产量几乎是不可能的。

日常生活中，蔬菜和水果的价格每年浮动也是不可避免的。同样是一棵生菜，去年9月售价130日元，今年9月售价270日元。虽然决定价格的不只是生产量（另行说明），但生产量变化对价格影响巨大却是事实。

若某一年的6—7月比往年同期气候恶劣，由于长期降雨和日照不足，叶子菜的根部腐烂，导致产量减少。例如，2020年7月的降雨量为往年同期的2.2倍，日照量减少了70%，生菜产量大幅下降，所以其价格高涨至往年的2倍。另外，台风、洪水、地震等自然灾害的影响也很大。平时几乎没有台风的北海道，在2016年8月17日起的一周内，接连遭遇7、8、9、10号台风，引发了暴雨等严重灾害。众所周知，北海道是日本最大的农业生产基地。受此次台风影响，洋葱、土豆、胡萝卜等餐桌上的代表性蔬菜出现了全国性的大涨价。

豆芽、蘑菇类等不受气候影响的蔬菜则价格稳定。虽然畜牧业也不太受气候影响，但万一禽流感等传染病暴发，大量的宰杀对生产量的影响也会很大。与气候相比，传染病是比较容易应对的，但想完全控制也相当困难。

再来看看全球范围内的长期变化。表 1-1 所示是每公顷土地上可收获的玉米质量（单位为 t），也就是玉米的单位产量（t/ha）。1961—2019 年，以每 10 年左右为一个区间，将各区间的最高单产和最低单产按照全球平均、较贫穷国平均及美国三部分进行统计。在此约 60 年间，随着化学肥料、农药及转基因技术等技术创新的发展，全球玉米单位产量增加至约 60 年前的 2 倍左右。较贫穷国和美国也是如此。然而，如果将同一时期的单位产量加以比较，美国比较贫穷国高出了 5 倍以上。由此可见，不同地区的生产技术水平存在较大差异。此差异在约 60 年间一直保持在 5 倍以上，没有缩小趋势。

表 1-1 内的"最高：最低"是指最高单位产量（丰收）和最低单位产量（歉收）的比值，即气候等条件对产量影响的大小。此值越大，气候等条件对单位产量的影响就越大。在这约 60 年间，"最高：最低"值的变化比单位产量变化要小很多。虽然技术创新发展迅猛，但"最高：最低"的全球平均比值仅从 1.25 减至 1.20。即使将同时期较贫穷国和美国的"最高：最低"

---

① 公顷是公制地积单位，用 ha 表示，1 公顷 =10000m^2。——编者注

表1-1 全球平均、较贫穷国平均、美国玉米单位产量变化

单位：t/ha

时期	全球平均 最高	全球平均 最低	全球平均 最高：最低	较贫穷国平均 最高	较贫穷国平均 最低	较贫穷国平均 最高：最低	美国 最高	美国 最低	美国 最高：最低
1961—1969年	2.42	1.94	1.25	0.99	0.94	1.05	5.39	3.92	1.38
1970—1979年	3.38	2.35	1.44	1.17	0.94	1.24	6.87	4.51	1.52
1980—1989年	3.72	2.95	1.26	1.19	1.05	1.13	7.52	5.09	1.48
1990—1999年	4.44	3.63	1.22	1.41	0.96	1.47	8.70	6.32	1.38
2000—2009年	5.15	4.32	1.19	1.65	1.20	1.38	10.32	8.12	1.27
2010—2019年	5.82	4.85	1.20	1.95	1.73	1.13	11.74	7.73	1.52

资料来源：以上表格由作者根据联合国粮食及农业组织统计数据库的数据制作而成。

值相比，差距也不大。美国的"最高：最低"值变大也并不稀奇。

由此可见，即使生产技术的进步如此迅猛，人类仍难以完全控制气候带来的影响。虽然美国拥有最先进的玉米生产技术，但在受气候影响这方面，其和较贫穷国家的差距并不大。

（2）环境零负荷是不可能的

我们已经了解了自然对食品生产的影响，接下来探讨一下食品生产对自然的影响。

在切入主题之前，我想问大家一个问题。当你在旅行中或者电视上看到夏日晴空下一望无际的绿色稻田时，你会有什么感觉？你会不会情不自禁地感慨："好美啊！""大自然真是多姿多彩啊！"

稻田的确很美，但是不是"大自然多姿多彩"却值得推敲。因为稻田是人类耕种出来的"人造物"，并非天然形成。菜地和果园也是如此。

食品生产就是人类干涉自然环境的过程，所以不可能完全不对自然环境造成负荷。更何况要保障全球 80 亿人的温饱，对自然环境所造成的负荷更甚。因此，当我们考虑这个问题时，最重要的不是保证对环境零负荷，而是能否将负荷控制在依靠人类自身力量可以恢复的范围内，即能否将负荷控制在可持续发展的水平。

然而从现状来看，离可持续发展的水平还相去甚远。近年来，为提高农户收益，更为了以有限的耕地面积养活快速增长的世界人口，增加单位土地的产量显得日益重要。增加单位土地的产量需要增加灌溉设备与农业机械，也需要大量使用肥料和农药，而肥料和农药的过度使用又成为污染环境的主要因素。尤其是畜牧业对自然环境影响较大。饲养家畜需要大量的水，而家畜粪尿对土壤和地下水造成的污染问题也越来越严峻。

即使污染相对较小的植物工厂、水耕栽培等，也必须用水来搅拌肥料。控制光照和气温还需要用到燃料，如果将燃料对自然环境的负荷也加以考虑，可以想象到整个食品生产过程对环境造成的负荷是很大的，要想实现零负荷有多么困难。

生活在日本可能很难感受到，但放眼全球就会发现，水、耕地这些生产食品所必需的自然资源是多么有限。

比如耕地，不是任何土壤都适合农作物生长。根据联合国粮食及农业组织的数据，截至 2018 年，全球除河流湖泊等内陆水系之外的陆地总面积为 134 亿 ha，其中约 12%（15 亿 ha）是作为耕地用于种植农作物的，但剩下的 88% 也并非全部可以转化为耕地。据推测，所有有可能转化为耕地的土地面积约占全球陆地总面积的三成（42 亿 ha），还有 27 亿 ha 的扩大空间。然而，这些耕地之所以未被使用，正是因为它们不具备耕作条件，即使改造为农田，也不能期待其产量可以比肩目前正在使用的耕地。

1961 年的全球耕地总面积为 13.5 亿 ha，2018 年为 15.7 亿 ha。在这大约 60 年间，几乎没有增长。这是由于过度的农业生产导致耕地疲敝而无法使用，人类通过砍伐森林开拓了新耕地，勉强维持了目前的耕地面积。废弃耕地自然再生需花费几百年时间，可孕育农作物的土壤每自然堆积 1 cm 至少要花费 100 年时间。也就是说，在耕地总面积不变的情况下，未来可用作耕地的土地面积将会持续减少。

这种状况不仅是目前食品生产所面临的问题，也粉碎了未来食品生产的可能性。但同时，食品生产对环境造成的负荷不可能为零。所以，即使再过 50 年或者 100 年，食品生产可持续发展的概念仍会被进一步强化，也就是在保证食品生产可持续发展的前提下，将其对环境所造成的负荷控制在一定范围内。

● 看看餐桌的另一端吧

从"饮食"这一个角度，和从"饮食"与"食品生产"互为表里的角度所看到的世界是不一样的。后者综合性更强，更贴近现实。如前所述，即使收入增加，人一天内所需的总能量也不会有大幅增加。即使将收入差距达几十倍的发达国家与较贫困国家做对比，人一天内所需的总能量差距也不到 2 倍。

也就是说，仅从"饮食"角度来看，发达国家与较贫困国家并无太大差距。

从"食品生产"角度看就不一样了。即使人所需总能量相同，但这些总能量可能来源于不同种类的食品，食品种类不同，生产这些食品所需的自然资源的量也不同。

比如，饲养家畜时需要大量的饲料和水，比种植农作物所需的自然资源更多。所以，当人们的收入增加，且一天内摄入的猪牛肉比例增加时，所需的自然资源就更多。当关注食品生产所必需的自然资源时，我们就会发现发达国家与较贫困国家的差距更大。

再来看看美国和乍得的例子。

首先，如果将食品分为植物性（谷物、芋头、蔬菜、水果等）和动物性（肉类、鱼类和贝类、鸡蛋、乳品等），在美国的人均每日膳食能量供给中，植物性食品占 73%，动物性食品占 27%。而乍得则分别为 94% 和 6%。美国的动物性食品占比是乍得的 4 倍以上。而且，美国人均每日肉类能量供给为 455 kcal，乍得为 50 kcal，差距约为 8 倍。美国人均每日谷物能量供给为 823 kcal，乍得为 1301 kcal，美国比乍得少了约四成。

我们根据肉类和谷物类的供给量计算下生产它们所需的谷物和水的总量。

首先将肉类分为牛肉、猪肉和鸡肉。假如生产 1 kg 牛肉平均需要 11 kg 饲料谷物和 15415 L 水。生产 1 kg 猪肉和 1 kg 鸡肉所需的饲料谷物分别为 3.5 kg 和 2.3 kg，所需的水分别为 5988 L 和 4325 L。虽然生产猪肉和鸡肉所需的自然资源比生产牛肉所需的少，但却是生产谷物的 2~3 倍。

生产 1 kg 谷物，便可供给 1 kg 谷物，但生产谷物需要水。比如生产 1 kg 小麦需要 1827 L 水。

由此可以计算出人均每日所需肉类与谷物的能量供给所必需的谷物总量。美国为 2049 g，乍得为 667 g，美国约为乍得的3倍。同样，美国人均每日所需水量为3255 L，乍得为1129 L，美国约为乍得的2.9倍。从"饮食"角度看，美国人均每日能量供给约为乍得的1.8倍，但从"食品生产"的角度看，美国人均每日所需自然资源量的差距更大，约为3倍。

有人认为，饲料谷物是不可食用的低品质谷物，与食用谷物的品种不同，两者不能相互替代。所以生产饲料谷物和生产食用谷物需要分开考虑。

听起来似乎很精辟，实则不然。虽然这种观点看上去似乎正确，但视角偏重"饮食"，并没有从"食品生产"所需资源的角度进行考量。

无论是饲料用还是食用，所需耕地和水的量都没有太大差异。前面我们讲过，耕地和水资源都是有限的。在巴西等国家，为了生产饲料谷物，土地用过一次便废弃了，而废弃耕地自然再生需要几百年时间。所以，虽然现在的饲料谷物生产不会直接影响现在的食用谷物生产，但因为饲料谷物的生产减少了耕地面积，所以在不久的将来也会影响到。

将"饮食"与"食品生产"综合起来进行考量，便可明白我们平时食用的食品，即"食品的选择"对地球环境乃至子孙后代有着什么样的影响了。

如果仅从"饮食"角度考虑，就只能看到食品选择关系到自身健康与喜好等个人问题，或者生活方式病的增加导致的医疗费用增加等社会问题。然而，实际影响远不止于此。我们吃什么，吃多少，影响到生产什么，生产多少。更影响到生产这些食品所必需的自然资源的量。因此，这是关系到全球及未来全人类的问题。

● 为何我们不能真正理解"食品生产"？

至此，我们分析了"饮食"和"食品生产"的关系。但在如今的日本，在平时生活中，能真正理解"食品生产"的人少之又少。所以，大部分人提到"饮食"和"食品生产"的关系，总觉得非常熟悉但又说不出所以然。

无论我们是否真正理解，两者互为表里的关系是不变的。我们所见的各种食品，必定产于某处，又被运送到我们面前。

原产地标签应该是我们日常生活中最常接触的，可以体现"饮食"与"食品生产"关系的东西了。根据日本《食品标识法》中的规定，生产商有义务在生鲜食品外包装上标明原产地，在加工食品外包装上标明主要原料产地或原产国名。2017年9月至2022年3月末为过渡期，预计在此期间将标识义务依次推广至所有加工食品的生产商。

大家平时购物时会经常查看食品原产地吗？我去超市时，即使不买东西也会仔细查看食品的原产地。半是因为职业病，半是因为兴趣爱好吧。但一不小心就会被人觉得形迹可疑，所以我每次都适可而止。

根据2020年日本消费者厅（Consumer Affairs Agency）实施的《关于食品标签的消费者意见调查》的结果，经常查看原料产地标签的消费者比例为 24.4%，有时查看者占比为 42.7%。年龄段越低，此比例越小。经常查看和有时查看的"10 后"仅占查看人群总数的 40%~50%。

如果到目前为止，您一次也没有查看过原产地标签，那么在阅读下一段之前，请您先查看下自己家里食品的原产地。在去便利店或超市时，也可以查看一下其他食品的原产地。例如盐、纳豆、生姜制品等，习惯上被认为是国产商品，但其实大多使用进口原材料。这无关好坏，只是我们的认知与现实的错位。

不是所有的生产商都会将原材料产地清清楚楚地印在标签上。小麦、芝麻、竹笋等几乎全部进口的食品除外，有不少公司不标明原产地，或将看似原产地的加工制造地印在标签上。这些做法进一步拉大了我们的认知与现实的差距。

有些跑题了。接下来，请大家查看一下自己正在食用的食品的原产地，有何感想呢？许多人都感到很意外吧！自己居然消费着这么多国家和地区生产的食品。但是，仅凭这个仍很难真正理解"饮食"与"食品生产"的关系。

首先，原产地非常多，很难逐个理解它们与食品的关系。其次，这些原产地中的有些市非常遥远，你可能一次也没去过；还有些国家，只是隐约听说过，连首都都不知道在哪儿。就像"一次面也没有见过的远亲"，或者"只在社交软件上联系的朋友所关注的其他人"，完全感觉不到和自己有什么关系。

那么，为什么我们可以很方便地吃到在那么遥远的地区或国家生产的食品呢？主要原因是飞速发展的城市化和全球化进程。而支撑这个进程的正是"食品市场"的发展。

第二章
食品市场连接整个社会

读到这一章,我想大家应该已经理解了饮食与食品生产的密切关系。然而,在现实世界中,两者非直接联系,而是通过食品市场这个社会性的组织体系联系在一起。食品市场在社会上发挥着什么样的作用,又带给社会什么样的影响呢?本章将继续进行深入探讨。

● 何谓食品市场?

"市场"这个组织体系并不仅限于食品,世上存在各种市场。那么,市场究竟是什么呢?是买卖商品和服务的体系?是借还款体系?还是雇用与被雇用的体系?

大家可能有各种各样的理解,但从经济学角度来讲,市场就是一个高效配置有限资源的体系。

为避免误解,我们再讲得通俗易懂些:为实现对整个社会来讲最为理想的结果,将有限的资源进行合理配置的组织体系就是"市场"。

这里的资源包括商品、服务、金钱、人力等。需要强调的是，市场并不能帮每个人实现所期待的完美的、乐园般的世界。资源本是有限的，对任何人来讲都不存在可以实现完美世界的体系。

将有限的资源进行合理配置的过程中，会出现多个选项，从中选择最优选项并实现它，才是最重要的。

当然，按照这个逻辑去理解，市场体系就是现实存在的所有体系中最优秀的，但却并非最完美的。主要问题在于，关于"对整个社会来讲最为理想的选项"并没有统一见解，而是存在各种不同的声音。比如公平性问题。关于这个话题，我们将在第三章进一步展开详细分析。

那么，食品市场到底是什么？在现实世界中，从"食品生产"到"饮食"，多个环节（生产、加工、批发、零售、食用等）错综复杂地联系在一起，人们对食品市场的认知也存在不同的观点。本书主要从"饮食"与"食品生产"的关系进行分析。**为实现"对社会来讲最理想的饮食状态"，在合理配置自然资源的前提下进行食品生产，并对食品进行合理配置的组织体系，就是食品市场。**

● 市场带给我们便宜又美味的食物

那么，对社会来讲最为理想的"饮食"是什么样的呢？

是"可以吃到便宜又美味的食物"吧！大多数人对此应

该不会有太多反对意见吧。那我们就继续探讨。

首先，假设食品市场这个体系完全不存在。

所以，假设我们不能买卖食品，必须自给自足。为使生产食品的成本降到最低，假如生产周期为一年，我们需要生产一年内刚好够自己食用的食物量。

但这很难做到。再加上天气等因素的影响，准确地生产一个人的食物量几乎是不可能的。况且，我们的生存离不开食物，为以防万一，多生产一些也是人之常情。

然而，因为没有市场，多生产的粮食无法销售，剩余食品与生产所用的资源就成了一种浪费。而且，一个人种植的农作物种类很有限，做出来的饭菜也太简单了。如果赶上某个时期产量不好，不能生产足够的粮食，又没办法获取其他食品的话，就只能忍饥挨饿了。

总之，若是一个人自给自足，就不存在食物是否便宜又美味这些问题。

那么，是不是由几个人组成一个小团队，分工合作进行生产比较好呢？不仅有人生产谷物和蔬菜等基本作物，还有人生产水果、捕鱼、将收获的小麦加工成面包或面粉等。这样一来，靠以物易物就可以吃上美味可口的饭菜了。但是，如果这个团队的成员较少，成员之间分配食物会比较简单，如果是几千人、几万人的大团队，仅成员之间分配食物就是很大的工作量，必须有专人负责分配食物。

这便促成了一种社会机制，它可以协调买卖双方的关系，以较为自由的贸易形式对食物进行配置。这便是食品市场。还有一种模式，就是支配层以中央集权的形式对所有可配置资源进行统一管理，比如食品分配制度。也就是说，在食品市场以外，还存在其他配置食物的社会机制。

从历史上看，有不少国家都采用过食品分配制。比如，中国在 1953—1984 年间实施计划经济，由国家统一管控主要食品（大米、小麦、玉米、大豆、面粉等）的生产和流通。中国从 1978 年开始实行改革开放，逐步走上市场经济的轨道。

现在几乎所有国家都主要通过食品市场配置食物。即使从历史上看，要想实现"可以吃到便宜又美味的食物"的社会，食品市场机制也是最行之有效的。

● 假如日本可以自给自足

假如日本可以实现国内食品自给自足会怎样呢？不专门从遥远的海外国家进口食品，而只在国内生产国民需要的所有食品。

好像也没什么问题。

也许有人会说："很久以前日本的食物自给率不也差不多是 100% 吗？"其实，那是江户时代乃至之前的事了。在遥远的江户时代，日本人口最多时也只有约 3000 万，仅为现在人口的四分之一左右。即使江户时代的人口那么少，在歉收之年仍会闹饥荒，甚至饿殍遍野。江户时代历时约 260 年，全国共发生约 130 次饥荒。比如三大饥荒之一的享保大饥荒，仅幕府记载的数据就显示约有 12000 人饿死，近 200 万人饱受饥饿之苦。

江户时代以后，日本的农业生产和运输等技术飞速发展。耕地面积也由 1850 年的约 317 万 ha 增至 2019 年的约 437 万 ha。因此，全国粮食自给率达到 100% 也不是不可能。

但其实，这是一个挑战，比许多人想象的还要困难得多。

如果所有原材料都在日本国内生产，目前主要依靠进口的食品便会因价格猛涨而几乎买不到，或者完全买不到。最常见的如面包和意面等小麦粉制品、肉类、香蕉等的价格也会上涨，人们将很难吃到这些食物。

目前，用于制作面包的小麦的自给率约为 3%，用于制作意面的小麦的自给率基本为 0。家畜饲料的自给率约为 25%，香蕉的自给率约为 0.1%。这些食物一直依赖进口，几乎不可能全部在日本国内生产。

况且，无论依赖不依赖进口，日本国内几乎所有食品也都会涨价。因为国内可利用的耕地面积（包括所有的耕地及草地等）是有限的。

截至 2019 年，日本国内在用耕地面积约为 437 万 ha，这其中不包括难复垦农田在内的荒废农田的面积（约 28 万 ha）。也就是说，无论如何努力，日本也只有 465 万 ha 的农田了。

近些年，日本人越来越爱吃面包。2019 年全年的小麦粉总消费量达到了约 630 万 t，其中约 530 万 t 为进口面粉。假如日本每公顷耕地的小麦粉平均产量为 4.5 t，如果将进口小麦全部在国内生产，理论上需追加约 118 万 ha 耕地。即使将目前未使用的荒废农田全部用上，产能也只能达到总消费量的四分之一。而且，不仅需要增加小麦产量，还需增加其他主食类（大米、芋头类等）的产量，以弥补小麦产量的不足。

即使先不考虑饲料用，只考虑食用，大豆和玉米也严重欠缺。为了增产，需要将目前种植蔬菜和水果的耕地的一大部分改为生产主食，那么蔬菜和水果的产量也将减少。这必然导致蔬菜和水果价格的上涨。

因此，如果完全不进口食品，那么日本连目前生活中的主食也将难以维持，而且这个可能性非常高。即使可以维持，几乎所有食品的价格也都会高得离谱。

而且，食品种类也没有现在这么丰富，一些平时很受欢迎的食物也吃不到了。比如，我很喜欢喝咖啡，因为气候原因，日本无法大量生产咖啡豆，如果不进口，基本上就喝不到了。除此之外，巧克力（含可可）、牛油果、芝麻、辣椒、蜂蜜也基本上买不到了。虽然吃不到这些食品不至于死，但我们日常生活中大量的美食将就此消失。

因此，在日本，为了"可以吃到便宜又美味的食物"，除了国内市场的供给，进口食品市场（即国际食品市场）也是必不可少的。

● 发展中国家与国际市场的密切关系

对许多发展中国家来讲，国际食品市场都是非常重要的。因为食品生产非常依赖自然条件，而许多发展中国家的自然条件并不适合生产食品，所以主要食品只能依靠进口。

联合国粮食及农业组织将过去 3 年内平均食品进口量高于出口量，且人均国民总收入在 1945 美元（2019 年的历史限值）以下的国家称为低收入缺粮国家（Low-Income Food-Deficit Countries，LIFDCs）。2021 年，有 47 个国家被认定为低收入缺粮国家，这些国家的居住人口共计 11 亿以上。

低收入缺粮国家对进口谷物十分依赖，其中也门的依赖度为 96%、刚果（金）为 82.9%。在这 47 个国家中有 17 个对进口谷物的依赖度超过了 30%。许多国家以沙漠和险峻山地为主，还有些是很小的岛国，其地理特点决定了不适合生产粮食。

当然，在这些国家中，也有不少深为缺粮所困。海地对进口谷物的依赖度为 60.2%，推测为缺粮所困的公民占 48.0%。

也许有人会说，不要住在那里就好了呀！选择居住地这自然是有个中缘由的。第一是一定历史原因造成的，第二是一些实际情况导致他们已经在那里繁衍生息了。即使现在想移居他国，也因为政治、经济或宗教等各方面的问题而无法实现，这对当事人和接收国来讲都并非易事。

因此，与跨国移居相比，跨国移动食品操作起来显然要简单和现实得多。

也有人会说:"不通过市场,只用食品援助的形式即可解决问题。"的确,食品援助是非常重要的途径之一,但它不足以补充低收入缺粮国家所需进口的主要食品。2018年低收入缺粮国家进口的小麦、大米和玉米总量约为7678万t,而当年全世界的食品援助量不过420万t,约为低收入缺粮国家谷物进口量的5.5%。

即使可以全部通过食品援助解决问题,也存在依存和经济两大问题。

首先是依存问题。确保满足本国国民必要的食品需求是独立国家应该履行的最基本的责任和义务。为此,国家需要采取的根本对策是对本国农业的投资。如果所缺食品全部依靠外援,被援助国将不关心农业发展,本国农业发展便会停滞不前甚至衰退,对食品援助的依赖性则可能进一步加剧。

而且,有食品援助能力的国家较少,一旦被它们掌握了食品生命线,被援助国便很难违背它们的主张,从而难以保证自己国家的独立性。

在国际食品市场上,某些国家为减少食品采购费用,于是投资本国的农业。市场的贸易机制决定了买卖双方各取所需,而且,因为卖家增多,买方国家整体谈判能力增强,买方国家在保证一定独立性的同时也可以确保足够的食品供给。

其次是经济问题。因为大量的免费食品进入国内之后,原本正在国内交易的食品的价格将会大幅下降。这是可以预见到的。而被援助国的农民是最大的受害者,他们大多属于贫困阶层。最终,粮食是便宜了,人民可以买得起,但收入也降低了,人民的总体生活水平真的提高了吗?

而且,如果食品价格过低,做食品生意的农户也会减少,国内的食品生产量也将愈发减少,更加需要食品援助,很可能由此陷入恶性循环。

鉴于以上各种原因,为缓解低收入缺粮国家的缺粮现象,需要在食品援助和农业发展之间寻求一个平衡点。同时,国际食品市场的重要性也不容忽视。

分工是市场发展的产物

我们的日常饮食生活离不开食品市场,随着食品市场的发展,渐渐地出现了社会分工。因为分工可以使食品生产更合理,食品价格更低。

比如,在较适合生产食品的地方专门生产食品,在较适合生产汽车的地方专门生产汽车。从社会整体上来看,就可以进一步使食品和汽车的生产合理化。

就食品生产来说,可以将整个生产过程细分为几个小生产过程,各生产过程配备专业人员,人员分工明确,更加高效地生产食品。也意味着我们可以用更便宜的价格买到同样美味的食物。

不过,也不是说分工之后什么都变好了。在充分利用分工优势时,"地利"和"规模经济"这两点非常重要。尤其是农作物的生产严重依赖自然条件,所以地利更加重要。所谓规模经济,指同一商品的产量越多,单位成本就越低。

规模经济的效应只体现在固定成本上,固定成本与生产量无关。而且,生产量越大,单位固定成本(固定成本除以生产量)就越小,单位生产成本也就越低了。食品生产中典型的固定成本有人工费、场地租金、农业机械成本等。决定食品生产量的两大要素为生产技术和耕地面积,想要提高生产量,至少要提高其中某一个方面的能力。

我再举一个通俗易懂的例子。

假设全国只有两个镇,A 镇和 B 镇,只生产服装和大米。为方便理解,我们假设这两个镇的总面积、日均工资及生产技术水平都一样,全体居民都生产大米或服装。A 镇只有 100 人,地理条件适合生产大米,整个城镇面积的 50% 可用作耕地;而 B 镇人口较多,为 500 人,地理条件不适合生产大米,城镇面积仅有 10% 可以用作耕地。大米产量对耕地面积的依赖性很强,所以,如果 A 镇专注于生产大米,年产量可以达到 1000 t;如果 B 镇专注于生产大米,则年产量只能达到 200 t。而对于服装生产来讲,可以集约化生产的人力比耕地面积更为重要。所以,更容易聚集人力的 B 镇如果专门生产服装的话,年产量可以达到 1000 套;而 A 镇如果专门生产服装的话,年产量只能达到 200 套。

我们分以下三种情况进行比较。

第一种情况：两个城镇都生产大米和服装；
第二种情况：A 镇只生产大米，B 镇只生产服装；
第三种情况：A 镇只生产服装，B 镇只生产大米。

首先看第一种情况，为方便理解，我们假设一半居民生产大米、一半居民生产服装，产量可以达到专门生产大米或服装时的一半。那么，A 镇的大米和服装年产量分别为 500 t 和 100 套；B 镇的年产量分别为 100 t 和 500 套；全国的年产量则分别为 600 t 和 600 套。重点是，即使 A 镇建造了服装工厂，也只能聚集起 50 人生产服装，所以服装产量还是比 B 镇少。

在第二种情况下，A 镇的大米年产量为 1000 t，B 镇的服装年产量为 1000 套。也就是全国大米年产量为 1000 t，服装年产量为 1000 套。

在第三种情况下，A 镇的服装年产量为 200 套，B 镇的大米年产量为 200 t；也就是全国大米年产量为 200 t，服装年产量为 200 套。A 镇生产服装的瓶颈是人数，B 镇生产大米的瓶颈是耕地面积，这使他们很难进一步提高生产量。

从全国来看，第二种情况下生产的大米和服装最多。三种情况下的人数和工资都没有变，所以全国整体上的人工费也不变。场地租金、农业机械成本和服装工厂的建设费是固定成本，所以，产量越高，单位产品的生产成本就越低。因此，生产一吨大米和一套服装所花成本最低的是第二种情况。也就是说，在第二种情况下，我们可以用更便宜的价格买到大米和服装，这对消费者来讲是很有吸引力的。

然而，现实世界可没这么简单。大体上可以把 A 镇看作农村，把 B 镇看作城市。农村专注于农业生产，城市专注于农业以外的城市服务，这样才能最大化地灵活运用全国资源。

● 在分工中消失的东西

刚才我分析了分工的优势。但随着分工的发展，许多人觉得离"食品生产"的现场更远了。

前几天，我在附近的粗粮点心店看到一种干脆面的食品标签上写着主要成分是"小麦（国产）"。可能是想说使用了在国内加工的小麦粉，但小麦基本可以确定是国外产的，所以这种标签很容易造成误解。

而且，在这种点心摆进商店之前，先由国外的农民种植出小麦，再由国内的面粉公司将小麦加工成小麦粉，由各个专业的公司加工好其他原材料，然后由包装公司制作好点心袋，干燥剂公司制造好干燥剂。最后，点心公司用这些材料将点心包装好，再交由其他公司销售。可以说经历了各种各样的人和企业。

那么，消费者认为谁才是点心的生产者呢？可能许多人会觉得是点心公司，而点心公司认为主要食材小麦粉的生产者是国内的面粉公司，面粉公司认为小麦的生产者是国外种植小麦的农户。所以，从点心公司的角度来看，将原材料写成"小麦（国产）"也并非虚言。

不同的生产者和加工厂经过多重联系参与了食品生产，但消费者能真切体会到的只有最后一个环节的生产者，日本的《食品标识法》则只关注主要原材料的生产者。所以，不要说体会中间生产者和加工厂了，消费者连看都看不到那些环节。

再者，随着分工的发展，各个环节的生产厂家的分布地点变远了，这也是让消费者感到食品生产工厂离自己很遥远的重要原因。从国际上看，日本在食品生产方面绝对没有占据"地利"，这加大了进口食品对经济发展的促进作用。

我们来对比一下 2018 年不同国家的人均耕地面积。日本的人均耕地面积为 0.03 ha，澳大利亚为 14.4 ha，美国为 1.24 ha，英国为 0.26 ha。日本与澳大利亚之间相差了 480 倍。

但澳大利亚和美国的放牧草地在耕地总面积中占比较高，所以我们仅用其种植农作物的耕地与日本进行比较：澳大利亚人均农作物耕地面积为 1.26 ha，相当于日本的 42 倍，美国农作物人均耕地面积为 0.49 ha，相当于日本的 16 倍，差距可谓巨大。

也许大家觉得英国的数据出乎意料。英国的陆地面积不到日本的三分之二，农业也不算繁荣，但人均农田面积竟然是日本的 9 倍，人均耕地面积也达到了日本的 3 倍。这是因为英国的可用农田占比大于日本的，而人口却比日本少。

因此，日本在食品生产方面，无论是技术水平还是努力程度，都与主要食品出口国存在难以缩小的差距。对日本来说，进口食品比自给自足更方便。一方面价格更加便宜；另一方面，日本可以腾出手来专注于自己擅长的工业生产领域，在更加合理、灵活地利用资源的同时还可以获得可观的经济收益。

全球范围内的市场发展及随之出现的分工发展，对于实现"可以吃到便宜又美味的食物"的社会起到了决定性的作用。但同时，"饮食"与"食品生产"之间的距离不可避免地变大了。所以，许多人也就越来越体会不到与"食品生产"之间的关系了。

第三章
食品市场的局限性

在第二章中,我将食品市场定义为,为实现"对社会来讲最理想的饮食状态",在合理配置自然资源的前提下进行"食品生产",并对食品进行合理配置的组织体系。在本章中,我们将进一步针对此概念展开讨论。

首先,"对社会来讲最理想"是许多人共有的合乎伦理的价值判断。世界上存在着各种价值判断,其中也有自古以来一直被关注的经济学价值判断,即"公平性"和"更加平等的期待"。除了公平性,本书还将围绕健康改善、环境保护、食品安全等其他各方面的价值判断进行探讨。

其次,"合理配置"其实就是经济学中的"效率性"。但经济学中的效率性与我们日常生活中所说的意思有所不同,在这里稍微加以说明。**经济学中的高效状态,是指不付出某种代价便无法进一步改善的状态**。比如,为增加某种产品的产量而不得不减少其他产品产量,或者不降低别人的满意度就无法提高自身满意度的状态。

● 效率与公平不可兼得？

经济学中"效率性"的概念并不包括伦理角度的价值判断，如公平性。从伦理角度做出何种判断是由外源性作用决定的，而不是由经济学推导出来的。这并不仅限于经济学，也适用于许多自然科学和其他社会科学。例如核能发电，从自然科学角度可以判断发电技术是否先进，但如果要判断此技术对社会来讲是否理想，就不属于自然科学的范畴了。

再回到市场的话题。即便市场很高效，也不一定能实现"合乎伦理的最理想的结果"。

举个例子，两个小孩（A 和 B）分两块曲奇饼干。

他们都非常喜欢曲奇饼干，都想尽可能多吃。按照一般逻辑思维，给 A 和 B 每人分一块即可。这当然是高效的方法之一。但是，如果 A 吃两块，B 一块也吃不到，从经济学上来讲也是一种高效的分配方法，尽管和常规思维不符。为避免 B 吃不到曲奇饼干，需要减少 A 吃的曲奇饼干的数量，也就是说，只要不降低 A 的满意度，就无法提升 B 的满意度，这满足了经济学上的效率性条件。因此，以经济学上的效率性为标准，并不能判断哪种分法更理想。

再试着用公平性的价值判断进行分析。

比起 A 一人吃两块曲奇饼干，显然是 A、B 各吃一块更公平、更理想。

然而，价值判断不是纯理论，往往会因各人的立场和条件发生相应的变化。比如前面讲的曲奇饼干的例子，假设两人商量好，通过"剪刀石头布"决定胜负，胜的一方可以吃两块曲奇饼干。结果 A 赢了，得到了两块曲奇饼干。和前面的分配方法结果一样，都是 A 得到了两块曲奇饼干。但因为"剪刀石头布"存在运气成分，所以，认为这一结果不公平的人一下子减少了许多。

然而，如果胜者 A 是一名 15 岁的初中三年级学生，负者 B 是一名 5 岁的幼儿园小朋友的话，你还会觉得"剪刀石头布"公平吗？即使"剪刀石头布"公平，也会有人觉得中学生拿两块曲奇饼干太不像样了吧？于是，又会有许多人改变主意，认为 A 一人得到两块曲奇饼干的结果并不是最理想的。

因此，"公平性"乍一看似乎很简单，但根据过程和条件，人们对结果的伦理角度的价值判断会发生变化。所以请记住，特定人物和特定时期的价值判断并不一定是"对社会来说最理想的"。

● 食品市场能力不足的三种类型

食品市场虽然是一个非常活跃、有效的体系，但却不能解决所有的问题。食品市场运行不畅，也会使整个社会陷入不理想的状态。本书将针对这种情况，以"市场的效率性"与"社会满意状况"的关系为重点，分以下三种类型进行思考。本节先对各种类型进行整体上的粗略说明，第五章至第七章将进一步展开详细分析。

（1）高效市场中仍会出现的问题

第一种类型是，即使通过食品市场将食物进行了最大化合理配置，也无法实现对社会来讲最理想的状态。也就是说，即使食品市场最大化最高效地配置了资源，有时也无法让全社会都满意。

比如营养不良、肥胖问题和食品浪费问题。即使对食物进行了最大化合理配置，同时满足了买卖双方需求，较贫困国家的营养不良人群也没有能力购买足够的食品，发达国家的人也不会减少浪费。

（2）市场失灵引发的问题

这种类型是指，由于食品市场自身结构的问题，即使由它自主配置资源，也无法达到最大化合理配置，难以实现对社会来讲最理想的状态。这种现象在经济学上被称为"市场失灵"（market failure）。

比如食品安全性、食品伪装问题，以及肉类食品对环境的影响问题等。也就是说，从食品市场结构上看，无法避免部分卖家的不正当销售以及无视环境负荷等问题。结果造成食品滞销，而这些滞销食品与不正当销售并无关系，自然环境也遭到了过度破坏。

（3）政治意见引发的问题

最后一种类型是，感性的价值判断优先于经济的效率性，市场结构被政治等非经济因素所扭曲。因为人类生存离不开食物，所以有些国家和人民有些自我防卫过度了，扭曲市场结构的观点在国际上被广泛认同。一定程度的扭曲观令人无可奈何，但如果有政治意见参与进来，这种观点往往会演变成过度扭曲。

比如过度保护农业的政策，食品进出口管控等问题。无视市场的政策往往会付出非必要津贴和庞大剩余库存等经济代价。不仅对本国食品市场，还对国际食品市场造成不良影响。

● 什么是最理想的"饮食"？

作为第一部分的结尾，我们再来思考一下"对社会来讲最理想的饮食"的含义。

我们一直都假设"可以吃到便宜又美味的食物"是对社会来讲最理想的饮食状态。但你有没有发现，这个观点非常偏重"饮食"。

从"食品生产"角度来看，也有观点认为最理想的社会状态是"将生产成本低廉和对环境负荷低的食品以高价卖出"。至少食品生产者真的不希望食品卖得便宜。

然而，从整个日本社会来看，生产食品的人只有百分之几，而百分之九十以上的人都是消费者。因此，食品市场也很容易侧重于"消费者观点"。这样的食品市场即使可以合理高效地配置资源，也很难保证整个社会层面的公平。

如果市场忽视了食品生产对自然环境造成的负荷，为了现在的"饮食"浪费整个自然资源的百分之七十，那么给一百年后的"饮食"留下的自然资源很可能只有百分之三十了。这就是一种不公平的配置局面。

因此，"对社会来讲最理想的饮食"的含义会根据人的立场和观点而有所不同。而且，社会的不同群体想要实现的"饮食状态"不同，故所必需的食品市场的机制也不同，具象化的社会也不同。

可以说目前的食品市场和社会结构正是为实现大多数人认为最理想的"饮食"而形成的。这也意味着，我们想要什么样的"饮食"，将来的食品市场形态就会变成什么样。

讲到这里，我想问一下大家。

你认为什么样的"饮食"对社会来讲是最理想的？

我想许多人会说，从来没考虑过这个问题呢。我正希望没考虑过这个问题的读者可以将本书读完。

接下来，本书将以"饮食"为中心，对各种社会问题的实例及其解读方法进行介绍。您可以试着将这些内容与您的日常饮食生活对号入座。也许有些观点令您信服，有些并不能。将这些令您信服的内容一点一滴地累积起来，在您读完此书时，对这个问题的理解和见地应该就会逐渐清晰了。

第二部分

饥饿者与浪费者
——饮食相关的社会问题

"饮食"、"食品生产"及"食品市场"与哪些社会问题有关？为何会发生这些问题？我们将在第二部分中结合实例，进一步深入理解。

　　但是，实例会涉及各种错综复杂的因素，如果只关注眼前的表象，最终可能无法探明问题的本质。因此，本书将从食品经济学的角度发现问题，并关注其本质，将"饮食"相关的社会问题分为以下三部分进行解读。

- 无法回避的自然法则→第四章
- 食品市场的局限性引发的问题→第五、六、七章
- 人性的难→第八章

第四章
无法回避的自然法则

自然法则引发的问题往往无法避免，且非人力所能控制。比如，食品生产受自然条件的影响较大，每年的产量都会有变化，这无法避免。人的食量有上下限。在本章中，我们将围绕这些法则引起的社会问题进行探讨。

● **食品价格不稳定**

首先，食品产量的不可控将给社会带来影响。我们先围绕此影响，从"饮食"与"食品生产"两个视角进行考量。

对"饮食"方面的影响表现为食品价格不稳定。10%的产量变化将引起好几倍（30%或40%）的价格变化。

原因大致有二。首先起因于"食品生产"与"饮食"关系的法则。虽然产量不稳定，但人的饮食量是基本不变的；其次，食品的市场价格不是受产量（供给量）单方面的影响，而是由产量与"饮食"所需量（需求）之间的关系决定的。

这种平衡用经济学公式表示为：市场价格变化百分比

（percentage of price change）= 供给量变化百分比（percentage of supply change）÷ 需求价格弹性（price elasticity of demand）。讲到这里，请回忆一下第一章的内容，食品需求基本不受价格的影响，所以，食品的"需求价格弹性"值处于 –1 与 0 之间。

也就是说，在"市场价格变化百分比"的公式中，被除数"供给量变化百分比"往往较大，而除数"需求价格弹性"的绝对值比 1 还小。所以，食品的市场价格变化百分比就比供给量变化百分比更大了。

举个例子，假如卷心菜的需求价格弹性为 –0.4，丰收时的供给量可以增加 20%，那么，20% 除以 –0.4，等于 –50%，得出卷心菜的市场价格会下降 50%；反之，如果歉收时的供给量减少 20%，–20% 除以 –0.4，等于 50%，得出卷心菜的市场价格将上涨 50%。

● 农业可以带来稳定收入吗？

其次是对"食品生产"方面的影响，不稳定的食品价格导致了农业收入的不稳定。

我们继续沿用前面讲的卷心菜的例子。假设今年丰收，供给量增加 20%，价格下降 50%。先假设去年的供给量为 100 kg，价格为 100 日元 /kg。今年比去年的产量高，那么供给量增加了 20%，为 120 kg，价格下降了 50%，也就是 50 日元 /kg。所以，去年的销售额为 100 kg × 100 日元 /kg=1 万日元，而今年的销售额为 120 kg×50 日元/kg=6000 日元。也就是说，虽然销售量增加了，但销售额却减少了 40%。即所谓的"丰收致贫"。

同样，假设今年歉收，卷心菜的供给量减少 20%，价格上涨 50%。假设今年比去年的产量低，那么供给量减少 20%，变为 80 kg，价格上涨 50%，变为 150 日元/kg。今年的销售额为 80 kg×150 日元/kg=1.2 万日元。也就是说，虽然销售量下降了，但销售额却增加了 20%。

无论丰收还是歉收，生产成本几乎是不变的。因此，销售额的差异直接关系到农户收入的差异。

再举一个更加具体的例子。来看看东京都中央批发市场的卷心菜进货量（t）和单价（日元/kg）的变化。图 4-1 表示的是 2020 年与 2019 年相比的每月进货量与单价变化。与 2019 年 1 月相比，2020 年 1 月的进货量增加了 2586 t，而卷心菜的需求量并无太大变化，所以单价下降了 32 日元。反之，8 月份的进货量减少了 1085 t，单价上涨了 66 日元。

就百分比的变化来看，2020 年 1 月和 2 月的进货量比 2019 年增加了 6%~18%，单价相应地下降了 31%~38%，价格变化百分比为供给量变化百分比的 2~5 倍。相反，2020 年 3、4、5、8、9 月份的进货量比 2019 年减少了 3%~8%，价格相应地高出了 25%~49%。价格变化百分比高达供给量变化百分比的 3~15 倍。

最后，假设整个批发市场的卷心菜总销售额为进货量乘

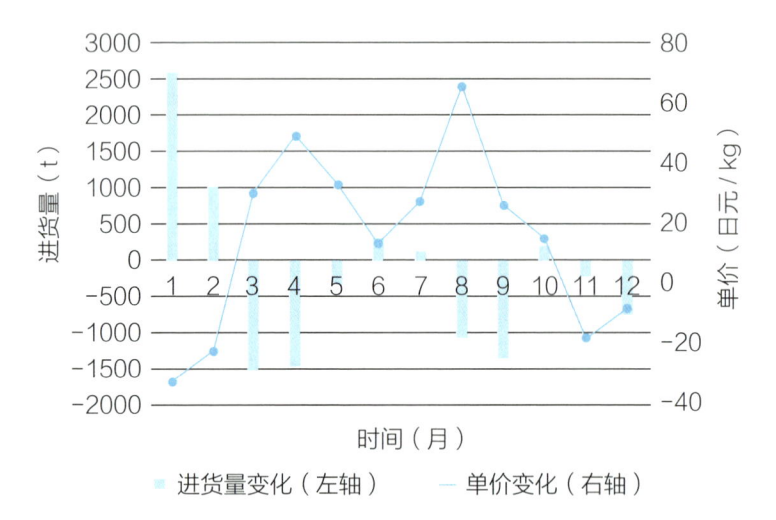

图 4-1　2020 年卷心菜与 2019 年相比进货量与单价变化

资料来源：以上图表由作者根据日本农畜牧业振兴机构"蔬菜信息综合管理系统"中有关东京批发市场的数据绘制而成。

以单价，那么，2019 年 1 月份的销售额为 12.7 亿日元，2020 年 1 月份的销售额为 10.4 亿日元。也就是说，2020 年 1 月份的进货量比 2019 年 1 月份增加了 2586 t，但总销售额却减少了 2.3 亿日元。相反，2020 年 8 月份的进货量比 2019 年 8 月份减少了 1085 t，但总销售额却增加了 9.1 亿日元。

由此可见，从"食品生产"的角度看，丰收未必是好事。刚才讲了"丰收致贫"，虽说丰收了，但如果出货量过多，市场价格骤跌，销售额反而会下降，造成损失。而且，为了避免"丰收致贫"，农户有时不得不采取自我保护对策，将过剩的农作物丢弃。

然而，丰收导致的农作物价格下降对"饮食"者（消费者）来讲却是喜讯。如果听说过剩的食物被丢弃了，肯定也会有人指责太浪费。这虽然再正常不过，但从认知上是偏向于"饮食"角度的。

"食品生产"与"饮食"角度的巨大认知差异并不少见。并不是孰对孰错的问题，意识到这种认知差异才是最重要的。

● 农作物非一日之功

对"食品生产"来讲更为麻烦的是，从播种到收获需要较长的时间。而且，在培育作物过程中需要投入农业生产成本与时间，但却没有相应的收入。因此，如遇天气不好导致减产，或因丰收导致价格骤跌，将无法收回已投入的生产成本，农户很可能要沦落到四处借钱的境地了。

许多农户立足长远，做好了长期生产的计划，购买了大型农业机器以及塑料大棚等，仅初期投入的借款就达几千万日元。在 5 年或 10 年内，一旦遭遇一次气候异常或自然灾害，便会陷入难以还款的境地。这种风险并不小，但农户们却很难规避，尽管他们什么过错也没有。

不同农作物的培育时间也不同，谷物和果树的培育时间偏长。大米一般于四五月播种，九十月收获，大约需要 5 个月的培育时间。而果树从栽种到收获的整个管理过程需要 3~5 年。即使是寿命比较短的桃子树，从栽种到果树进入盛产期也需要 5~7 年时间，苹果树则需要 20 年左右。

而且，培育时间越长，播种时对于产量和价格的"不确定性"就越大。因为一旦开始生产，就很难在中途调整产量了。前面也讲过，农业生产的难点在于，并不是产量越高越好。由于这种不确定性，农户需要提前预测食物收获后在市场上的流通量及单价，同时制订年度生产计划。这种经营难度也正是农业领域的中坚力量减少的重要原因。

蔬菜的种植时间较短，许多叶子菜从播种到收获仅需一个月左右。像豆芽、萝卜苗等仅需 7~10 天便培育完成了。

培育时间较短的农作物，可以采用类似于工业产品的生产方法，在温室或植物工厂进行栽培。这样可以在较短周期内调整产量，从而降低产量和价格的不确定性。但同时也会出现其他的难题，比如此类农作物的培育方法较为简单，因此没什么附加价值，或者价格竞争激烈等。

从全世界来看，较贫困国家的农户所面临的风险影响比发达国家要大得多。

这也是许多较贫困国家的借款制度、灾害保险制度以及社会安全网等配置仍不太健全的缘故。因此，即便是完全无法规避的风险，农户也要独自背负。况且，较贫困国家的农户多属于低收入阶层，因一次恶劣天气便陷入极端贫困境地的也不在少数。

另外，关于食品培育周期导致的时差，至少发达国家的饮食者（消费者）是几乎没有可能去实际体会的。因为发达国家在流通环节采取了各种对策，尽量将这种时差对饮食者（消费者）的影响控制在了最低限度。至于具体采取了哪些对策，我将在第三部分进行详述。

● 气候变化与食品的复杂关系

气候变化的影响是全球范围内无法避免的自然因素，接下来我们换个角度来看看这种影响。

自 2020 年 7 月起，塑料袋有偿使用的规定开始在日本的便利店、超市实施，并成为法定义务。你们是否知道这其实是应对气候变化的一种方法呢？这是为了降低因制造和丢弃塑料产品而产生的二氧化碳排放量，控制全球变暖所采取的措施。这也说明近年来全世界重视气候变化问题的意识日益增强了。

"食品生产"对气候的依赖性很强，所以必定会受到气候变化的影响。这里所说的气候变化，不仅指全球变暖，还包括诸如降水量变化、自然灾害增加以及海水增温等变化。

其中最令人担忧的是自然因素对食品生产的巨大影响，例如干旱、暴雨、洪水等极端天气引发的事件发生频率与严重程度正日益增加。这种影响并不像许多人想的那么简单，时间和地区不同，预计影响也会不同。

由国际专家组成的联合国政府间气候变化专门委员会[1]预测，截至2100年，世界平均气温将上升1.8~3.4 ℃，日本的平均气温将上升2.1~4.0 ℃。

听到这些数据，估计仍有人毫不在乎：一百年也就上升一两度嘛！也不是什么问题。

我非常理解他们的心情。因为我也空有清晰的思路，并无实际感受。

然而，迄今为止的许多科学研究都提供了可信度极高的预测，哪怕平均气温上升1 ℃，极端天气的发生频率和严重程度便会增加。而且，珊瑚礁和北极海洋生态系统也将受到威胁，疟疾等传染病也将开始流行。

预计如果平均气温上升幅度不超过2 ℃，对食品生产的影响就有限。此时，气温上升带来的正面效果反而可以促进粮食产量的增加。但如果平均气温上升幅度超过了2 ℃，极端天气与病虫害等的负面影响将大于平均气温上升的正面影响，产量便开始减少。如果平均气温上升幅度大于3 ℃，预计将会出现

---

[1] 联合国政府间气候变化专门委员会（Intergovernmental Panel on Climate Change，IPCC）是世界气象组织（World Meteorological Organization，WMO）及联合国环境规划署（United Nations Environment Programme，UNEP）于1988年联合建立的政府间机构，2007年该机构与美国前副总统艾伯特·戈尔分享了诺贝尔和平奖。其主要任务是对气候变化科学知识的现状，气候变化对社会、经济的潜在影响以及如何适应和减缓气候变化的可能对策进行评估。——译者注

干旱缺水现象，粮食产量也将进一步减少。

以上是关于平均气温上升的探讨，实际上，不同地区的气温上升幅度有较大差异。例如，从目前观测到的气温变化可以看出，北半球中高纬度的气温上升率特别高。内陆地区的气温上升幅度比沿海地区大。所以，哪怕世界平均气温只上升1 ℃，北半球中高纬度的内陆地区也很有可能会上升3 ℃以上，这些地区的粮食产量便会减少。被称为世界粮仓的北美大草原和乌克兰黑土地带便地处北半球中高纬度的内陆地区。

气候变化引起的降水量变化也存在地区差异。预计缺水地区增加的同时，有些地区的大雨灾害也会增加。尤其是地中海沿岸、中美洲、非洲及澳大利亚的亚热带地区，预计降水量会大幅减少；而亚洲南部及东部、澳大利亚东部以及北欧主要农业产区的降水量预计将会大幅增加，发生自然灾害的风险较高[1]。

联合国政府间气候变化专门委员会在考虑地区差异的前提下，模拟了气候变化对主要谷物（小麦、玉米、大豆等）产量的影响。根据模拟结果，预计到2030年前后，因气候变化而增产的地区将多于因气候变化而减产的地区，全世界的食品产量将会增加。2030年以后，气温仍将持续上升，预计到2100年，减产地区将占到整体的四分之三以上，全世界的食品产量将大幅减少。

---

[1] 此部分内容参考了Christensen等的研究（2007）。

● 国际食品市场日益重要

还有一点需要强调的是,不同地区的"气候变化结果"是有差异的。

这点前面已经讲过了。但还必须考虑到,可采取对策的内容和程度也是存在地区差异的。也就是说,"影响的地区差异"与"对策的地区差异"两个因素交织在一起,可能会进一步加大气候变化结果的地区差异,这令人十分担忧。

截至2100年,全世界一大半地区将共同面临气候变化导致食物减产的风险。而可采取对策的内容和程度决定了风险程度。

比如,发达国家等经济富裕、技术先进的国家和地区有能力开发适应气候变化的农业技术以及加强基础建设,所以可将风险控制在最低限度。

而较贫困国家等经济或技术能力不足的国家和地区则很难依靠自身力量采取这样的对策。面对气候变化造成的恶劣影响,这些国家束手无策,照单全收。因此,尽管许多国家的食品生产已经能力不足,预测还会雪上加霜,较发达国家更早、更严重地蒙受气候变化导致的灾害[①]。

仅考虑气候变化的影响(不考虑社会经济影响),联合国政府间气候变化专门委员会推测世界饥饿人口将增加4000

[①] 此部分内容参考了Alexandratos的研究(2005)。

万~1.7亿人[1]。尤其对撒哈拉以南非洲地区的影响较大，截至2080年，约75%的饥饿人口将集中在此地区。而社会经济对饥饿人口的影响比气候变化的影响要严重得多。

气候变化加大了食品产量的地区差异，也暗示着国际食品交易量可能会增加。

尤其是中高纬度的国家向低纬度国家的食品输出将会增加。再加上许多国家对食品进口的依赖度很高。这意味着国际食品市场在缓解缺粮问题方面的作用愈发重要。

然而，国际食品市场发挥的作用非常有限。也就是说，截至2100年，尽管气候变化导致食品供给减少，但人口增长会使食品需求增加，所以预计国际食品价格将发生实质性的上涨。

因此，预计有些国家的粮食产量将因气候变化而严重减少。随着国际食品价格的上涨，这些国家可进口的食品数量也将减少，可能会遭受前所未有的严重缺粮的困扰。

---

[1] 此部分内容参考了IPCC的报告（2014）。

第五章
即使市场是高效的

第五章至第七章的主要内容为"食品市场界限引发的问题"。我将对照第三章中讲到的"食品市场能力不足的三种类型",分三章进行具体论述。本章主要探讨"高效市场中仍会出现的问题"。将结合"营养不良与肥胖"以及"食品损失"等实例进行说明。

● 营养不良人数与肥胖人数均呈增长趋势

近年来最直观的世界性不平等现象之一便是营养不良与肥胖的共存。而且,即使食品市场可以高效运转,仅靠市场机制也很难解决此问题。

图 5-1 展示了 2000—2016 年全世界营养不良与肥胖人群比例及人数的变化。折线为比例,柱形图为人数。营养不良的推测统计值来源于各个年龄段,调查时间以 2020 年为限;而肥胖的推测统计值来源于 18 岁以上的成人,调查时间以 2016 年为限。

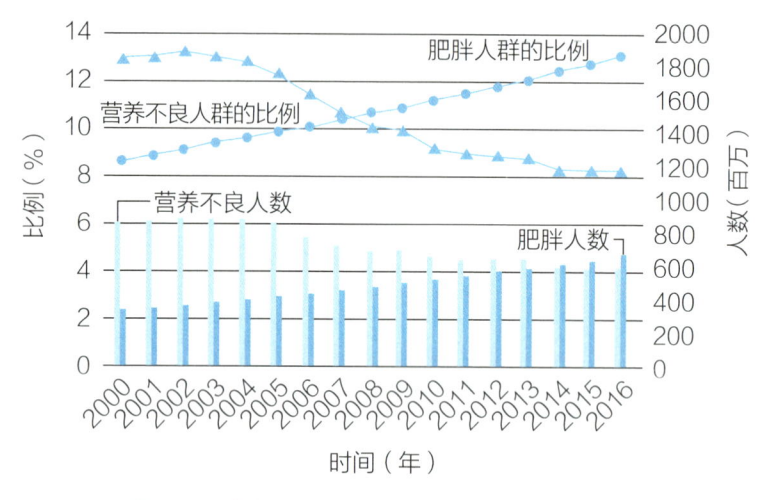

图 5-1 全世界营养不良及肥胖人群的比例与人数

资料来源：上图由作者根据联合国粮食及农业组织统计数据库的数据绘制而成。

从图 5-1 来看，2000 年以后，营养不良人群的比例便呈减少趋势，而肥胖人群的比例却直线上升。2000 年至 2007 年，营养不良人群的比例高于肥胖人群的比例。到了 2008 年，两者出现了反转，营养不良人群的比例开始低于肥胖人群的比例，但在 2014 年以后营养不良人群的比例基本没有继续减少。

再来看看具体数据。全世界营养不良人群的比例由 2000 年的 13.0% 下降到了 2016 年的 8.3%，但 2014 年以后基本没变，维持在 8% 左右。然而，世界总人口仍在增加，此群体比例不变意味着营养不良的实际人数也在增加。从营养不良人数上来看，2004 年达到了最高峰，为 8.51 亿，2014 年则减至 6.069 亿。之后又开始增长，到了 2016 年，大约为 6.196 亿。

与之形成鲜明对比的是，肥胖人群的比例从 2000 年的 8.7% 持续增长至 2016 年的 13.1%。因为 18 岁以上的人口一直在增加，所以此群体中的肥胖人群从 2000 年的 3.398 亿人增加到 2016 年的 6.757 亿人，增加了将近一倍。如果再算上肥胖儿童，增加的人数则更多。

从全世界来看，2014 年以后，营养不良人群的比例没有减少，而肥胖人群的比例增加了。营养不良和肥胖人数均呈增长趋势。

● 食品供给存在地区差异

想在此强调的是，目前尚有足够的食物可以供给全世界人口。根据联合国粮食及农业组织 2020 年的数据（取 3 年的平均值），从 95 种主要食物的供给量（仅食用）可以推测出，全世界平均热量供给量为人均每日 2950 kcal。日本的平均热量供给量为人均每日 2716 kcal，世界人均水平高于日本。

其中，美国的平均热量供给量相当高，为人均每日 3786 kcal；而阿富汗和利比里亚则非常低，分别为 2277 kcal 和 2147 kcal。可见各国之间的巨大差异。

食品供给的地区差异造成了营养不良与肥胖人群分布区域的较大不同。联合国粮食及农业组织 2020 年的数据（取 3 年的平均值）显示，全世界营养不良人群的比例为 8.9%，其中非洲地区最高，为 19.0%，而撒哈拉以南非洲地区尤其高，为

21.8%。其次是亚洲南部，为 14.1%。营养不良人数最多的是亚洲南部，为 2.695 亿。其次是撒哈拉以南非洲地区，为 2.32 亿。仅这两个地区营养不良人口就占到了全球的约 73.3%。

刚才举例时讲到了阿富汗和利比里亚，不出所料，这两个国家的营养不良人群比例非常高，分别为 25.6% 和 38.9%。根据联合国粮食及农业组织的数据，美国和其他发达国家的营养不良人群比例仅为 2.5% 以下，虽未公布人数，但可以确定是非常少的。

再来看看 2016 年肥胖人群的地理分布情况。全世界肥胖人群（18 岁以上）比例为 13.1%，占比最高的前 4 名为北美洲 35.5%、中南美洲 24.2%、欧洲 22.9%、非洲 12.8%。从人数来看，欧洲为 1.384 亿，中南美洲为 1.06 亿，北美洲为 9870 万人，非洲为 8150 万人。这 4 个地区的肥胖人群占世界肥胖人群总数的 62.8% 左右。刚才举例时提到的美国、阿富汗、利比里亚的肥胖人群比例分别为 36.2%、5.5% 和 9.9%。而日本则为 4.3%。

● 贫穷国家的肥胖人群也呈增长趋势

令人意外的是，在贫穷国家，不仅营养不良的人群比例高，连肥胖人群的比例也比日本高。

非洲地区的国家就是这样。比如利比里亚，大约每 10 人中就有 4 人营养不良，1 人肥胖。这并不是个例。近年来，在低收入国家普遍出现这种现象,只是程度不同而已。结果便发生了图5-1中的变化,即营养不良人数并未减少,而肥胖人数却在增加。

再来看看国家收入水平与营养不良及肥胖人群分布之间的关系。表5-1根据世界银行的标准,将全世界的国家按照低收入到高收入的顺序分为4组,总结了各组营养不良与肥胖人群的状况。可以看出,收入越高,营养不良人群越少,肥胖人群越多。

表5-1 国家收入水平与营养不良及肥胖人群分布之间的关系

不同类型群体占比及人数		低收入国家	中低收入国家	中高收入国家	高收入国家
营养不良人群（2019年）	占比（%）	28.9	14.8	3.9	< 2.5
	人数（亿）	2.074	4.359	1.132	—
肥胖人群（2016年）	占比（%）	7.3	7.6	13.1	24.3
	人数（亿）	0.229	1.335	2.772	2.314

资料来源：以上表格由作者根据联合国粮食及农业组织统计数据库的数据制作而成。

注：肥胖人群的最新数据采集于2016年。高收入国家营养不良人群的3年（2018—2020年）平均数据未见报告。

营养不良人数会随收入增加而迅速减少,但肥胖人数却不会随收入下降而减少。所以,低收入国家的营养不良人群比例为28.9%,高收入国家的营养不良人群比例为2.5%以下,差距高达10倍以上。但高收入国家的肥胖人群比例为24.3%,低收入国家的肥胖人群比例为7.3%,差距仅为2倍左右。

2014年以后，低收入国家的营养不良人数与肥胖人数均有增加。虽然营养不良人群的比例没有增加，但人数却由2014年的1.568亿增加到2019年的2.074亿。而肥胖人群比例则由2014年的6.8%增加至2016年的7.3%，同期人数从2000万增加到了2290万。

中低收入国家也呈现出相同的趋势。这些国家的营养不良人数由2014年的3.558亿增加到了2020年的4.359亿，肥胖人数则由2014年的1.1187亿增加到了2016年的1.335亿。

● 营养不良人数与肥胖人数不能同时减少吗？

我从大学研究生时期便开始研究营养不良与肥胖问题了。2004年，刚开始研究时，我认为"可以将发达国家肥胖人群食用的过量食物再分配给发展中国家的营养不良人群"。这样一来，在食品总产量不变的情况下也可以同时减少营养不良人数和肥胖人数，可谓一举两得。

然而，在调查过程中，我才意识到无论食品市场的运转多么高效，也很难实现这种再分配。

市场之所以能供给食物，是因为有人愿意以某种价格去购买，而市场可以从中获利。这很容易理解。按照这个逻辑，肥胖人群过量食用的那部分食物是他们以包含利润的价格购买的，正是因为这种需求，那部分食物才会被生产出来。再者，许多营养不良的人连购买足够食物的经济能力都没有，即使减少了肥胖人群的食量，营养不良人群也没有多余的能力去购买那部分食物。

也就是说，即使减少了肥胖人群的食量，这部分食物也到不了营养不良人群的手上。因此，在市场机制当中，需要将肥胖问题与营养不良问题分开考虑。

偶尔有人会将"发达国家的食品损失"与"较贫困国家的缺粮问题"直接联系起来，实际上并没有那么简单。因为即使减少了发达国家的食品损失，损失部分也不会被送到较贫困国家去，较贫困国家的经济能力和农业生产效率也不会得到提高。也就是说，较贫困国家的食品进口量与生产量不会增加，缺粮问题也不会得到改善。

其实，减少营养不良人群与肥胖人群是有共同的重要方法的。那就是改善饮食生活。即使不改变国际食品分配现状，只要各国人民的饮食生活有所改善，全世界的营养不良人数与肥胖人数也就有可能同时减少。然而，现实中要想改善人们的饮食生活简直太难了，这归根结底是因为"人性"问题。此问题将在第八章中进行详述。

● "食品损失"包含鱼骨吗？

接下来我们将围绕"食品损失"进行深入分析。
即兴提问如下，
"丢弃鱼骨会造成食品损失吗？"

答曰：非也，丢弃鱼骨造成的损失叫作"食物损耗"（food loss）。

你是不是感到有些意外和疑惑？为什么这样回答呢？这是因为食品损失的定义因国家和地区而不同。

日本的"食品损失"定义为"可以吃但却被丢弃的食品"。比如，餐厅和家里的剩余食物，超过最佳品尝期限或安全食用期限的食品，运输过程中外包装脏污或破损而无法出售的食品，等等。而包括蔬菜残渣、果核、鱼骨、蛋壳等"不能吃的部分"在内的被丢弃食品则称为"食品废弃物"。

联合国可持续发展目标中使用的食物损耗指数（Food Loss Index）与日本的不同，废弃食品并不分为可食用与不可食用，而整个食品供给系统的食品废弃分为"食物损耗"与"食物浪费"（Food waste）。

所谓"食物损耗"，是指在食品供给系统中处于上游的食品废弃物，"由农户、搬运及仓储人员、加工及包装人员的判断与行为造成的食品废弃及损失"。而"食物浪费"是指在食品供给系统中处于下游的食品废弃物，"由零售商、餐饮业及家庭的判断与行为造成的食品废弃及损失"。

图 5-2 汇总了这 4 个术语的大致关系，将食品生产至消费的整个流程分为 7 个阶段，依次为：①收获前，②收获，③收获后（在农场），④搬运及储存，⑤加工及包装，⑥餐饮及零售，⑦家庭消费。

"食物损耗"指的是阶段③④⑤的废弃食品，"食物浪费"

指的是阶段⑥⑦的废弃食品。而日本定义的"食品废弃物"指的是出货后在阶段④⑤⑥⑦的废弃食品，其中可食用但却被丢弃的食品则被归入"食品损失"的范畴。

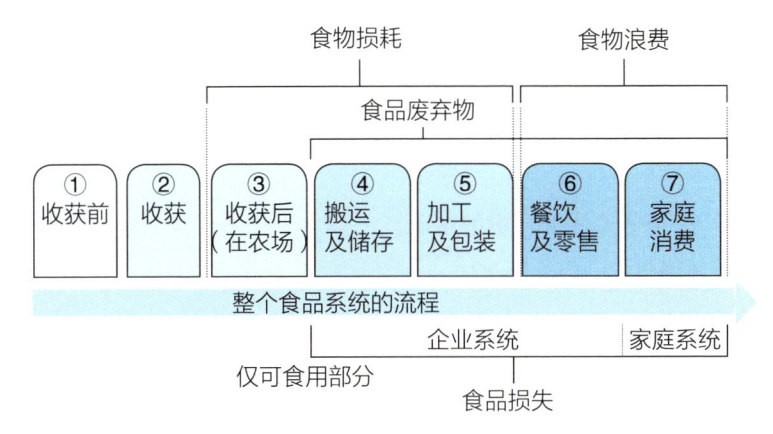

```
                    食物损耗              食物浪费
                ┌─────────────┐      ┌─────────┐
                      食品废弃物
                    ┌──────────────────┐
  ①      ②      ③      ④      ⑤      ⑥      ⑦
 收获前  收获   收获后  搬运   加工   餐饮   家庭
              (在农场) 及储存 及包装 及零售  消费
        ─────────────整个食品系统的流程─────────────►
                      企业系统            家庭系统
         仅可食用部分
                          食品损失
```

图 5-2 "食物损耗"、"食物浪费"、"食品废弃物"与"食品损失"的关系

也就是说，日本所定义的"食品废弃物"是由"食物浪费"与一部分"食物损耗"组成的，而"食品损失"只是其中范围更小的一部分。只从字面定义上也可以说"食品废弃物"是"食物损耗与食物浪费"的总和。但日本农林水产省公布的数据中却只包含了一部分"食物损耗"的数据。

比如，丰收时，农户没有拿到市场上出售而自行处理掉的农作物是"收获后（在农场）"阶段的废弃物，不属于"食品废弃物"或"食品损失"，但却属于"食物损耗"。而图 5-2 阶段①中的病虫害等灾害导致的损失以及阶段②中的"收获过程中的损失"则不属于任何定义的范畴。虽然如此，但是这些阶段的损失也是确确实实不可避免的。

因为存在这样的差异,所以日本关于食品损失的数据和其他国家是不能直接做对比的。日本食品损失的状况和世界相比需要区别看待。

● 被丢弃的日本食品

首先来关注下日本的情况。

根据日本农林水产省的推测统计,日本 2018 年食品废弃物质量约为 2531 万 t,其中约有 600 万 t 为食品损失。2018 年日本出货食品的总质量为 8330 万 t 左右,其中食品废弃物占比约 30%,食品损失占比约 7%。食品损失在食品废弃物中的占比约为 24%。

根据全年约 600 万 t 的食品损失,可以计算出理论上的年人均食品损失约为 47 kg。这和面包的年人均消费量基本等同。据日本总务省称,2017—2019 年,日本的年人均面包消费量约为 45 kg,仅次于 2018 年美国的年人均面包消费量(约 54 kg)。

在日本,"食品损失"还分为"企业食品损失"和"家庭食品损失"。对照图 5-2 来看,"企业食品损失"是指在④搬运及储存,⑤加工及包装,⑥餐饮及零售阶段可食用但却被丢弃的食品;"家庭食品损失"是指在⑦家庭消费阶段可食用但却被丢弃的食品。这些范畴也和联合国可持续发展目标的定义不一样。

从"食品损失"的具体内容来看，企业食品损失约为 326 万 t，家庭食品损失约为 276 万 t。从发生场所来看，更加详细地划分为食品制造业、食品批发业、食品零售业、餐饮业与一般家庭，食品损失分别为 126 万 t、16 万 t、66 万 t、116 万 t 与 276 万 t。也就是说，在一般家庭中产生的食品损失最大。在企业食品损失中，餐饮业的食品损失最大。

从时间轴上来看，2012 年的食品损失约为 642 万 t，之后的 6 年间约减少了 42 万 t。细究起来，企业食品损失从约 331 万 t 减少至约 324 万 t，家庭食品损失从约 312 万 t 减少至约 276 万 t，家庭食品损失减少的幅度更大。另外，在企业食品损失中，食品制造业的食品损失减少了 11%，其他环节的食品损失则只有微减或微增。餐饮业的食品损失较大，但改善却微乎其微，今后仍有较大的改进空间。

● 世界食品损失的类型

再来看看世界食品损失的状况。使用联合国的数据时，需要将"食物损耗"与"食物浪费"分开考虑。整个食品供给系统的损失情况大致为：发展中国家的"食物损耗"比例较大，而发达国家的"食物浪费"比例较大。

"食物损耗"方面，我们使用联合国粮食及农业组织开发的食物损耗指数，在"食物浪费"方面，使用联合国环境规划署开发的食物浪费指数（Food Waste Index）。两个指数所涉及的调查对象国和数据采集时间不同，公布形式也有所差异，所以非常难懂。

首先，使用联合国粮食及农业组织的食物损耗指数计算出 2016 年全世界从收获后（在农场）到加工及包装阶段的食物损耗比例约为 13.8%。联合国粮食及农业组织将全世界划分为 8 个区域，分别推测统计了其食物损耗指数。其中食物损耗率最高的是中南亚地区，为 20%~21%，其次是北美与欧洲，为 15%~16%。最低的是澳大利亚和新西兰，为 5%~6%。次低是东亚及东南亚，为 7%~8%。

有趣的是，收入水平最低的撒哈拉以南非洲地区的食物损耗率为 13%~14%，不高也不低。

食物损耗率的地区差异不仅造成了收获后的搬运、加工、储存技术的差异，还使人们的饮食生活也有所差异。因为食物损耗率会因农作物种类的不同而出现较大差异。比如，非洲人经常吃的木薯特别容易受损，所以，尽管撒哈拉以南非洲地区的收入水平很低，但食物损耗率却有可能很高。

接下来，使用联合国环境规划署开发的食物浪费指数来计算一下零售业、餐饮业、家庭消费阶段的食品损失。联合国环境规划署根据收入水平将所有国家分为 4 个组别，然后推测统计出各组别的人均年损失量，并公布出来。根据所得数据的性质，又在各组别内划分出 3 个食物浪费的领域。如此一来，尽管数据有些笼统，但可以和日本的推测统计值进行比较了。

表 5-2 是联合国环境规划署的推测统计值以及相应的日

本损失量估测值。因为涉及国家甚少，所以称不上是国际比较。至于低收入国家，因为所有发生领域的数据均不完整，所以推测统计值均未公布。

表 5-2　人均每年食品损失量

单位：千克/人/年

类型	家庭消费	餐饮业	零售业
高收入国家	79（28 个国家）	26（18 个国家）	13（20 个国家）
中高收入国家	76（12 个国家）	数据不足	
中低收入国家	91（10 个国家）	数据不足	
日本	60	17	10

资料来源：以上表格由作者根据联合国环境规划署（2021 年）和农林水产省（2021 年）数据编制。
注：表格中的括号中是已获得数据的国家/地区的数量。

然而，在有限的数据中，也发现了几个有意思的地方。首先，从国家收入水平来看，家庭消费中的食品损失量几乎没有区别。高收入国家与中低收入国家之间的收入水平相差了 3~12 倍，但中低收入国家的家庭消费中的食品损失量反而比高收入国家高出了 15%。

其次，日本的人均食品损失量（食品废弃量）比世界平均水平低。家庭消费中的人均食品损失量比其他所有分组中的国家低了 20% 以上。即使和高收入国家的餐饮业与零售业的人均食品损失量相比，日本的人均食品损失量也低了

24%~35%。

日本和高收入国家有三个领域的人均食品损失量比例接近。三个领域中人均食品损失量均为家庭消费比例最大（66%~68%），餐饮业第二（19%~22%）。这是因为日本也是高收入国家之一，其食物系统的结构与其他高收入国家类似。

● 控制食品浪费是为了谁？

读到这里，我想你已经明白了许多食品正在被丢弃掉。仅日本一个国家就有约 600 万 t 可食用食品被丢弃，许多人听到这个数据都会感慨太可惜了。正因如此，才应减少食品浪费，这才是顺应时代潮流的。

但减少食品浪费的理由不止于此。大致有三，且每个理由的区别在于"为了谁"。

第一个理由是可以改善食物系统的效率。

这是指减少食品供给与消费过程中的浪费，主要是为了现代社会的人。刚才提到的"太可惜了"的想法就是针对这种浪费。具体指什么呢？比如，被丢弃食品在其生产和流通过程中所使用的水和生产材料被浪费了，处理这些被丢弃的食品需要交税，食品垃圾中含有水分，所以处理设施的发电效率会下降等。再者，家庭中丢弃食品时，相当于为不能吃的食品买了单。所以，减少食品浪费可以削减不必要的开支。减少了食物系统的浪费，就可以减少整个社会资源使用和支出方面的浪费了。

第二个理由是可以改善持续发展的可能性。

这是指为未来的食品生产保留较多必要的自然资源，主要是为了子孙后代。如果不生产被丢弃部分的食物，就可以减少温室气体的排放，可以节约水资源。比如，少生产一个汉堡就可以节约 3000 L 水。因为制作汉堡需要牛肉，而养牛需要消耗大量的水，排放出大量的温室气体。

第三个理由是可以改善食品保障。

这是指给缺粮国家增加食品供给量，主要是为了现代和未来的发展中国家的人。发展中国家的食品浪费（或食物损耗）大部分发生在收获后到零售商店的阶段。减少了国内的这部分食品浪费，即使生产量不变，也可以增加到达消费者手上的食品总量。

还有一点请了解，减少食品浪费并不会给所有人带来好处。因为减少食品浪费一定会发生成本，也一定会有人负担这部分成本。

比如，减少家庭内的食品浪费，减少食品开支，会降低该食品的销售额。该食品生产的相关人员及企业的收入就会减少。依靠处理与回收被丢弃食品获取收入的人群及企业的收入也可能会减少。

而且，通过回收的方式减少食品浪费需要额外的费用与资源。比如，回收餐饮店或超市的废弃食品用来做堆肥或饲料时，需要先将它们运输到某地，在专业机器上将它们加工成肥料或饲料，所以需要额外的费用和燃料。该附加成本的一部分需要交税，需要有人来负担。

● 为何不能消除食品浪费？

完全消除食品浪费是非常不现实的，哪怕只是消除丢弃可食用食品的现象。即使可以强制性消除，对社会来讲也不是最理想的状态。但是，请大家不要误解，进一步减少食品浪费是有可能的，只是不能彻底消除而已。

这当然是有原因的。就像第四章中所说明过的，食品生产对气候等因素的依赖性很强，培育时间也较长，所以不能像工业品一样根据需要去细致地调整产量。而且，食物的特点也决定了不少农作物不能长期保存。再者，人在一定时间内食量是有上限的。所以，由于气候、病虫害、丰年生产调整等原因导致的食品损失基本上是不可能完全消除的。

如果无视自然法则，硬要消除食品浪费，将有可能对社会产生极大的不良影响。举个极端的例子，如果根据当年的食品产量强制决定人们的食量，或许能完全消除食品浪费。前提是不能挑食且必须光盘。

非极端的方法也有，就是对剩余食品的回收再利用。但如果回收再利用的主要目的是减少食品浪费，对整个社会来讲反而有可能变成资源的浪费。

最关键的是对回收再利用食品的需求。即使通过回收剩余食品浪费制作出了新产品，但如果没有足够的需求，这些新产品将被束之高阁，最终变成损失。而且，被回收的食品也浪费掉了。

比如，将剩余的食品转化为堆肥时就隐藏着这样的危机。如果仅仅是将家庭湿垃圾转化为堆肥，用于家庭小菜园还好说，但如果要在整个社会上大规模地将剩余食品转化为堆肥，就完全是另外一回事了。因为转化的堆肥量越大，越需要与之匹配的大量需求。

专业的农户会根据土壤的状态设计施肥、严格管理肥料成分。因此，餐饮店和超市等地的剩余食品成分复杂，还可能混有非食品类的杂质，即使转化为堆肥，也不能达到农户能用的标准。将剩余食品分类之后可以制作出符合农户要求的堆肥，但很有可能所花费的社会成本比直接扔掉食品损失还要多。

饮食者（消费者）也许认为将自己吃剩下的食品转化成堆肥可以"减少浪费"，但其实未必如此。明明没有需求却制成了堆肥，只是将"被丢弃的食品"换了一种形式，变成了无用的东西①。从整个社会层面看，还有可能浪费了制成这部分堆肥所用的资源。

为避免这种情况，"饮食"方与"食品生产"方需要在充分理解彼此需求的基础上，谨慎探讨除转化成堆肥及其他各种

---

① 此段原文使用"堆肥"二字过于频繁，故此处没有直译为"堆肥"。——译者注

用途的可能性。另外，开发出可以降低回收再利用剩余食品成本的新技术也是相当重要的。

即使撇开自然法则的影响，只关注食品市场机制，也很难将食品浪费完全消除掉。

这是因为目前食品市场的全球化与分工发展十分迅速，这意味着食品的运输距离和储存时间变长了，食品加工工序也增加了。关于这点，我们在第二章曾经提到过。总之，食品"易受损"的特点是瓶颈所在。

为什么这么说呢？因为运输距离和储存时间越长，因受损而无法出售的食品比例就越大，食品浪费也就增加了。而且，加工工序变多了以后，在每个工序中都会有因加工失误或品质不合格而被丢弃的食品，总体丢弃量也就变多了。就像切下来的面包碎屑，明明是可以食用的，但却作为加工后的多余部分被丢弃了。

而且，受损后的食品有可能对健康不利。因此，在当今食品市场上，必须标注商品的最佳品尝期限或安全食用期限，这也是出于保护消费者的目的。

作为销售食品的一方，哪怕只有万分之一的概率，也不允许商品对消费者的健康造成损害，所以在设置最佳品尝期限或安全食用期限时，留足了时间上的余量。尚未售出的食品哪怕只过期一天，且仍可以食用，也会被丢掉。

第六章
归因于市场失灵

本章将继续探讨"食品市场界限引发的问题",重点关注"市场失灵引发的问题"。具体将围绕"食品的安全性与食品伪装",以及"肉食与环境"这两大主题展开讨论。

● "食品安全性与食品伪装"的难题

几乎全社会都不想看到有安全隐患的食品或食品伪装的现象。食品市场应消除食品安全及食品伪装事故,这也是最符合社会期待的。但事与愿违,在现实世界中,这样的事故屡屡发生,看不到尽头。原因何在呢?

首先来看几个以往的事例,然后再思考原因。

(1)牛海绵状脑病[①]问题

提到食品安全,我首先想到的就是21世纪初期轰动世界

---

① 牛海绵状脑病(bovine spongiform encephalopathy,BSE)俗称疯牛病。——译者注

的牛海绵状脑病问题。牛海绵状脑病是发生在牛身上的致命性疾病。因被指出有可能传染人类，所以食用牛肉的安全性一度成为问题。

1985 年，英国确诊了首例牛海绵状脑病。起初牛海绵状脑病被认为是英国特有的牛病，但接着便陆续传播至意大利、荷兰、德国、法国等欧洲其他各国。同时也明确了此疾病是给牛喂食了反刍动物尸体制成的肉骨粉而引发的。因此，1988 年，英国禁用了肉骨粉；1990 年，又禁止向欧洲共同体成员出口肉骨粉。于是，在欧洲共同体失去市场的肉骨粉便大部分被出口销售到了瑞士、东欧、南欧、北非、亚洲等地。日本也是其中之一。

本来，日本应该像欧洲共同体那样停止使用肉骨粉。但当时的政府一味地认为牛海绵状脑病的发生地离本国还很遥远，过低估计了其风险。反而担心如果饲料短缺，将会对国内畜牧业造成影响，所以对肉骨粉采取了继续进口的政策。

2001 年 9 月，千叶县突发疑似牛海绵状脑病病例。日本农林水产省公布此事之后，纸媒和电视台连续数日进行了报道，人们惶惶于食用牛肉对健康造成的风险，不安情绪高涨，有些地区的牛肉消费量甚至骤减了 30%~50%。因此，日本政府于 10 月开始对所有的牛进行检查。同时，牛肉相关企业为弥补在牛海绵状脑病传播中蒙受的损失，实行"国产牛肉购买制度"。也就是说，在对所有的牛进行检查之前被处理掉的国产牛肉，由国家购买并全部烧毁。这个制度的滥用导致了新的食品伪装事件的发生。关于这点，后面会进行详细说明。

牛海绵状脑病最初被称为疯牛病，因为名称骇人而使牛肉相关行业遭受了雪上加霜的打击。所以，从2001年12月起，纸媒和电视台开始将其改称为牛海绵状脑病。

日本国内发生牛海绵状脑病后，日本政府对食品品质的关注重点从食品卫生转移到了食品安全上，并于2003年实施了《食品安全基本法》。之后，其他国家也出现了牛海绵状脑病的确诊病例，根据世界动物卫生组织[1]的报告，截至2018年，确认感染牛海绵状脑病的国家达到了26个。

其中对日本影响较大的是2003年发生在美国的牛海绵状脑病。彼时日本政府也切实体会到了牛海绵状脑病的巨大威胁，立即停止了从美国进口牛肉及相关产品。日本的牛肉盖浇饭等行业因此受到了沉重打击。近年来，日本出台了世界先进水平的牛海绵状脑病防疫措施，牛海绵状脑病几乎没有在日本再发生过了。

---

[1] 世界动物卫生组织来自法语 Office international des épizooties，简称 OIE，是1924年1月25日建立的一个政府间国际组织。它在全球动物卫生和食品安全领域发挥着重要作用，其制定的动物卫生标准《实施动植物卫生检疫措施协议》是世界贸易组织唯一认可的动物卫生标准，是各国开展动物及其产品贸易需遵循的国际准则。——译者注

（2）雪印乳业集团系列事件

雪印乳业集团的食物中毒与食品伪装事件属于同一企业反复犯错，给我留下了深刻印象。

时间上溯到1955年，雪印乳业建于北海道的八云工厂发生了大规模的食物污染事件。起因在于制造脱脂奶粉（从牛乳中分离出脂肪，然后干燥处理成粉末状）时发生停电及机器故障，原奶和半浓缩奶因长时间放置而被金黄色葡萄球菌严重污染。之后这些产品被东京都的九所小学学生食用，造成了1579人中毒。

2000年，雪印乳业再次了发生几乎同样的食物污染致人中毒事件。

这次发生在北海道的大树工厂。依然是制造脱脂奶粉时发生停电，原料被金黄色葡萄球菌污染。原本应立即丢弃被污染的原料，但工人却在明知原料被污染的情况下，仍然再次溶解了原材料继续生产脱脂奶粉，并出货给了大阪工厂。结果，脱脂奶粉被用于制作低脂奶等产品，导致发生了食物中毒事件。事后，雪印乳业集团的处理方式也并未体现出诚意，再加上回收商品和告知消费者都需要时间，最终受害者达到了1.342万人。雪印乳业集团完全没有吸取1955年食物被污染致人中毒事件的教训，以至于2000年的受害者达到了1955年的将近十倍，实在是太不负责任了。

2年后的2002年，子公司雪印食品公司被内部人员告发，再次暴露于公众视野。因其滥用了前面所述的弥补牛海绵状脑病传播损失的"国产牛肉购买制度"。将超过 30 t 的澳大利亚产的牛肉冒充国产牛肉在日本国内出售。丧失信用的雪印食品公司销售额锐减至原先的七分之一，最终陷入了停业、解体的困局。Nipponham Group 等其他企业也曾发生过同样的食品伪装事件，导致社会对整个肉食行业都失去了信任。

● 食品伪装仍在继续

之后，食品安全性及食品伪装问题仍在持续发生。

特别是 2007 年，发生了多起食品伪装事件，说是"食品伪装年"也不过分。先是老字号西点工厂不二家被发现使用过期牛奶和鸡蛋生产曲奇饼干。接着又曝光了苫小牧市肉类希望公司的牛肉伪装事件，以"白色恋人"著名的石屋制果伪装最佳品尝期限的事件，伊势名物伪装赤福饼安全食用期限的事件，老字号料亭船场吉昭伪装食材产地及最佳品尝期限，并将客人吃剩下的饭菜再次提供给其他客人等事件，可谓层出不穷。

其中肉类希望公司的牛肉伪装事件性质出奇地恶劣。该公司将猪肉、鸡肉、甚至羊肉、鸭肉和兔肉等掺进牛肉，制成所谓的"纯牛肉馅儿"销售。还从全国低价收购卖剩的牛肉，经过去腐、除臭、杀菌处理制成肉馅儿，或用本应丢弃的动物部位制造"牛肉馅儿"，并在市场上销售。

更令人震惊的是，在 2007 年因公司内部告发而暴露之前，这种伪装竟然神不知鬼不觉地持续了超过 20 年的时间。至此，我们应该意识到这并非肉类希望公司一家公司的问题，而是关系到整个行业的黑暗内幕。

接下来的 2008 年，三笠食品被曝出大米违法转卖事件。即低价购入问题大米（残余农药超标或霉变致癌的工业用大米），将问题大米伪装成食用大米转卖出去。这种违法转卖持续了 10 年以上，直至 2008 年日本农政局介入调查才初次被曝光。仅当时查明的转卖地就涉及 29 个都府县的食品加工公司、酿酒公司、糖果公司等 375 家企业。

● 为何屡禁不止？

诸如此类的食品安全与伪装问题不胜枚举且屡禁不止。也许在你们阅读这本书时，还有大大小小的食品安全及食品伪装事件被报道出来呢。

那么，为何食品安全与伪装问题屡禁不止呢？

原因很简单，这种违法行为很难被发现，只要不被发现，便有人继续从中牟利。事实上，有不少长期存在的违法行为最终都是被内部告发才暴露出来的。很难从外部发现。其重要原因就是"食品特性"与"市场结构"。

关于这点我们再讲得详细一些。

首先，从外部很难判断食品安全性与伪装问题。比如超市里出售的香肠，仅从外观几乎不可能判断香肠是用什么肉做的，肉含量有多少，含有何种化学物质。

其次，食品的加工程度越高，就越难判断其原材料。比如，肉馅儿比零售的鲜切肉难判断，调制香肠比肉馅儿难判断，杯面里的谜肉[1]比调制香肠难判断。

说起来很有趣，直到2017年，也就是日清杯面发售46周年时，日清食品才初次公开杯面中的谜肉就是"在猪肉、鸡肉中掺入大豆成分的原料和蔬菜，并经过调味的肉末儿"。但各种原料的比例至今仍不为外界所知。

再次，市场机制决定了食品信息被卖方所掌握，买方只能选择相信卖方提供的信息。这也是令事态更加复杂化的原因之一。

也就是说，买卖双方信息严重不平衡，卖方在市场交易中占据了有利地位。这种情况在经济学上被称为"信息的不对称性"。

最后，无论卖方是否违法，只要买方不相信食品信息，就会避免购买该类食品，结果造成全部该类食品的价格下降。英国有人实施的消费者实验[2]显示，在消费者怀疑食品伪装的

---

[1] 谜肉也叫骰子肉粒，是将肉、大豆及其他蔬菜混合后，通过各种冻干和脱水技术制成的。主要成分是动物蛋白和植物蛋白。如日清杯面中的谜肉等。——译者注
[2] 此部分内容参考了McCallum等的研究（2021）。

情况下,"没有承诺是真品的鱼块"比"承诺是真品的鱼块"的平均价格要便宜 7.1%~16.7%。

一旦食品违法行为被曝光哪怕一次,整个该类食品行业便会失去信誉,其他与违法行为并无直接联系的卖家也会受到牵连。如果涉及回收、丢弃商品,那么损失将更加惨重。前面所讲的雪印乳业集团的食物污染致人中毒事件与牛肉伪装事件正是这样的典型例子。

从经济学角度来讲,此时的市场状态是无效的。因为消除了食品安全问题及食品伪装问题,便可以改善生产者、消费者等市场相关人员的状况。

但仅依靠市场机制也很难消除这些问题,还需要借助各种法规制度、检查体制等进行监督和规范。

● "肉食与环境"问题的根源

前面我多次提到食肉,从消费者满意度及生产者的利益角度看,肉类市场是十分活跃的。根据联合国粮食及农业组织提供的数据,全世界牛肉、猪肉、鸡肉的总供应量从 2000 年的约 2.1 亿 t 增加至 2018 年的约 3.2 亿 t,预计 2050 年将增加至约 4.3 亿 t[1]。

然而,如果把对环境的影响也考虑在内的话,这绝不是

---

[1] 此部分内容参考了 Alexandratos 的研究(2012)。

社会所期待的理想状态。我们将从"食品生产"与"饮食"两个角度来分析这个问题。

首先,从"食品生产"角度着重分析一下畜牧业对环境的影响。然后再从"饮食"角度探讨消费者的认知与实际影响之间的错位。

(1) 畜牧业与温室气体

先来了解下温室气体。

1990年以来,农业生产中的温室气体排放量呈减少趋势,在气体排放总量中的整体占比也由1990年的29.8%减少至2017年的19.8%。但还是比汽车、火车、飞机、轮船等在移动或运输过程中所排放的温室气体(整体占比17%)要多[1]。

在此尤其想关注一下农业生产中的畜牧业的温室气体排放量。

我们比较熟悉的是温室气体中的二氧化碳,还有甲烷、氧化亚氮、氟利昂等。畜牧业中排放量最大的温室气体是甲烷和氧化亚氮。甲烷的温室效应相当于氧化亚氮的28倍,但在大气层中停留的时间仅有10年左右(氧化亚氮为1000年左右),比较容易在短时间内(20年左右)看到控制效果,因此备受瞩目。

---

[1] 参考了联合国粮食及农业组织统计数据库的数据。

按照农业生产的种类来看，畜牧业的温室气体排放量最大，约占行业总排放量的31%。尤其是牛等家畜在消化、发酵饲料（例如牛的瘤胃是发酵饲料的主要场所，有"发酵罐"之称）[1]时排出的甲烷，以及生产饲料时所用的肥料排放的氧化亚氮占比较大。另外，家畜的排泄物也会排放甲烷和氧化亚氮。

在畜牧业温室气体排放总量中，生产牛肉时排放的温室气体占比15%，生产牛乳时排放的温室气体占比5%，养牛过程中排放的温室气体则占到了约三分之二。

与牛相比，生产猪肉和鸡肉时的排放量就小多了，分别为2%和1%。

因为牛是反刍动物，消化食物时会排出很多甲烷，排泄量也很大。从这点来讲，美国野牛、山羊和羊也是一样的。这三种肉的生产量加起来还不到猪肉生产量的六分之一，但温室气体排放量却是生产猪肉时的3倍（6%）左右。

（2）畜牧业需要消耗大量的水[2]

再来分析下畜牧业与水的问题。

首先要强调的是，全球的水资源是不会增加的，但人口却在持续增长，缺水问题越来越严重。据联合国粮食及农业组

---

[1] 为了避免中文阅读上的违和感，特加入了括号内的说明。——译者注
[2] 此部分内容参考了联合国粮食及农业组织（2020）及联合国粮食及农业组织（2019）的相关报告。

织统计，至今仍有约 12 亿人居住在严重缺水地区。到了 2100 年，人均可用水量可能会比现在再减少 17% 左右。

其中尤为令人担心的是食品生产用水。世界淡水来源的占地面积约为 11.1 万 km^2，其中约 65% 为绿水（土壤蓄水），约 35% 为蓝水（河、湖、地下水等），蓝水中的 10% 为人们日常生活用水。世界总取水量的 70% 以上用于食品、饲料等农业生产。据说截至 2050 年，为养活持续增长的世界人口，需要增加约 70% 的农业生产量，用于这些农业生产的取水量则需增加 90% 左右。

而且，在农业生产中，畜牧业的用水量特别多。

为了更加深入地分析，我们使用水足迹指标将生产所必需的总水量按照食品种类进行比较。水足迹是指生产特定商品或服务时，测量直接或间接使用的绿水（雨水等）、蓝水（灌溉用水）及灰水（用于稀释污染物的水）总量的指标。例如生产牛肉时，除牛的饮用水、清扫机器的水等直接用水量之外，还有生产饲料的水等间接用水量。

根据国际通用的推测统计值[1]，水足迹最大的食品为牛肉。生产 1 kg 牛肉需要 15415 L 淡水，而生产 1 kg 猪肉和 1 kg 鸡肉分别需要 5988 L 和 4325 L 淡水，生产 1 kg 鸡蛋和 1 kg 牛奶分别需要 3265 L 和 1020 L 淡水。很显然，生产牛肉所需的淡

---

[1] 此部分内容参考了 Mekonnen 和 Hoekstra 的研究（2010）。

水要比生产其他畜产食品多得多。顺便提一下，生产 1 kg 谷物和 1 kg 蔬菜所需的淡水分别为 1644 L 和 322 L。

因为不同食品的每千克热量不同，所以还需要看看 1 kcal 的水足迹。

依然是牛肉大得多。

生产含 1 kcal 热量的牛肉所需淡水总量为 10.19 L，而生产含 1 kcal 热量的猪肉、鸡肉、鸡蛋和牛奶则分别仅需 2.15 L、3.00 L、2.29 L 和 1.82 L 淡水。

除牛肉以外，生产其他畜产食品所需的水量也比谷物与蔬菜多得多。比如，生产含 1 kcal 热量的谷物和含 1 kcal 热量的蔬菜分别需要 0.51 L 和 1.34 L 淡水，与生产含 1 kcal 热量的谷物相比，生产含 1 kcal 热量的牛肉和牛奶所需的淡水量分别是约 20 倍和约 3.5 倍。

（3）家畜的排泄物是人的数倍[1]

畜产食品的生产是造成水质污染的原因之一，其中最直接的污染原因是家畜排泄物的处理和保管不当。可能有人会说，"说的是发展中国家吧"，其实发达国家也会发生这样的事，包括日本。

2019 年，日本的畜产经营投诉合计为 1386 件，其中约

---

[1] 此小节中有关日本的结论参考了筑城和原田的研究（1997）及《令和二年畜牧业统计》中的数据。

有 24%（335 件）是关于水质污染的，数量仅次于恶臭投诉（52.2%）。而水质污染投诉中的 86% 是针对饲养牛、猪的畜牧农户的。

这是因为牛和猪的排泄物较多。日本平均每头奶牛的日排泄量为粪便 45.5 kg、尿液 13.4 kg，每头肉牛的日排泄量为粪便 20.0 kg、尿液 6.7 kg，猪为粪便 2.1 kg、尿液 3.8 kg，小型肉鸡仅排泄粪便 0.13 kg。而成人人均每日排泄粪便量为 0.1~0.25 kg，尿液为 1.0~1.5 kg。

2020 年日本家畜的排泄物总量约为 8013 万 t，其中，奶牛为 2186 万 t，肉牛为 2358 万 t，猪为 2115 万 t，蛋鸡为 791 万 t，小型肉鸡为 563 万 t。而日本整体人口（均按成人计算）的排泄物总量约为 5762 万 t。也就是说，即使在畜牧业不算发达的日本，家畜的排泄物也比人多了 40%。

与畜产大国美国对比一下。美国年均家畜粪便量约为 3.35 万亿 t（不含尿液），整体人口（均按大人计算）的粪便总量约为 3000 万 t。家畜的粪便量是人的 10 倍以上[1]。

将这么多家畜排泄物全部合理地处理掉，对发达国家来讲也绝非易事。如果处理和保管不当，排泄物中的硝酸盐氮就会对地下水造成污染。如果流入河流湖泊，里面的隐孢子虫将会污染水道水源，还可能引起人类集体感染，引起腹痛、腹泻

---

[1] 此部分内容参考了 Main 的研究（1995）。

等，是相当危险的。

种植家畜饲料所用的氮肥中的硝酸盐氮也会间接地对地下水造成污染。

预计 2019 年全世界饲料产量约为 11.26 万亿 t，而同年的小麦产量约为 7.658 万亿 t，可见饲料的产量有多大。仅生产这些饲料就需要大量的氮肥，由此污染的地下水量虽然没有准确的推测统计值，但预计将是一个相当大的数字。

● **空气与水免费的困局**

在食品生产中，农畜产品生产对环境造成的负荷是相当巨大的。这点大家应该都明白了。但要想下决心减少农畜产品生产对环境的污染却十分困难。

因为空气与水等自然资源的公共性特征较强，自己使用的同时不能阻止别人使用。比如，不可能因为谁污染了空气或水就绝对禁止他使用这些资源。也不可能只让他身边的空气消失，或者只让他周围不下雨吧。

也就是说，因为空气与水不需要付费使用，即使你付了钱也不能一人独占，所以不存在交易和市场。没有市场交易，空气与水的金钱价值就很模糊。所以，即使空气与水被污染，也没有明确的对等价值，甚至不存在为此买单的市场。

比如，我们每天都要呼吸，也可以说是在消费空气，但我们并没有直接支付金钱。这是不是正好从反面说明了空气是没有价值的？

当然不是。离开空气，我们便不能生存，农作物也不能存活。从本质上来讲，空气比食物更具有绝对价值。只不过我们为食物付了钱，却并没有为空气支付一分钱。也就是说，空气不具备在市场上交易的金钱价值。

也许有人想，我们呼吸了空气，却不必付钱，这不是好事儿嘛！如果只是呼吸，也许可以这么说。但如此一来，也许任何人都可以无偿地污染空气了。也就是说，即使污染、损坏免费的东西也无须付出任何代价。

在一些国家和地区，需要为自来水以及废水的排放和处理支付费用。这点比空气稍微强一些。但是，从全球水资源总量来看，这只是其中极小的一部分（不到 0.01%）。大部分淡水不经过水道系统就被直接消费掉了。

比如，在室外种植作物时用到的雨水和土壤水无须付费，因为不通过排水设施，所以也没有排水费用。也就是说，免费的水即使被人污染了也不需要人为之支付费用。

我们以养牛为例来探讨下畜牧业的影响。

畜牧农户为了尽可能多地获取利润，会在保证"单头牛售价"和"单头牛成本"平衡的前提下决定饲养的头数。这里的成本不包含养牛产生的温室气体及排泄物给社会造成的损失。但实际上，由这两个因素导致的水质污染正在给社会造成危害。

如果可以给这些损失标上价格，让畜牧农户支付相应的费用，会如何呢？也就是说，现有成本再加上处理牛排出温室气体与排泄物产生的成本之后，"单头牛成本"上升了。畜牧农户为了尽可能多地获取利润，就会减少饲养牛的头数。

由此可见，畜牧农户的经济活动通过气候变化、水质污染等因素，对毫不相干的人产生了影响。经济学上将这种影响叫作"外部性"。在这则例子中，外部性导致了社会损失的发生，所以是"负外部性"（negative externality）。无视"负外部性"的生产活动，将会导致过量生产，超出对社会来讲最理想的量。

● 过量食肉是因为肉太便宜了？

肉食生产虽然对环境造成了较大负荷，但并不是要"不生产肉"或者"不吃肉"。

如前所述，问题在于"负外部性"对社会造成的损失并不反映在目前的肉食生产成本或价格上。结果很可能出现这种情况：虽然肉食生产对社会的负面影响很大，但肉价却很便宜，所以人们就食肉过量了。

假如肉食生产造成的社会损失可以反映在生产成本或价格上，生产成本就会增加，价格会上涨，消费量和供给量会随之减少。这样也许就更加接近最理想状态了。但目前看来，简直太难了。

再来更加具体地分析下各地区的肉食供给量。

表 6-1 所示为 2018 年全世界及五个地区牛、猪、鸡肉的每周人均供给量（仅食用）与合计。全世界平均供给量为 771 g，欧洲、美洲、大洋洲三地为平均值的 1.8~2.3 倍。亚洲和非洲两地则比较低，分别相当于大洋洲的约三分之一和七分之一。

表 6-1　2018 年全世界及五个地区每周人均肉食供给量

单位：g

类型	全世界	大洋洲	美洲	欧洲	亚洲	非洲
牛肉	175	490	548	261	91	114
猪肉	298	473	350	666	294	26
鸡肉	298	829	819	469	193	130
合计	771	1792	1717	1396	578	270

资料来源：以上表格由作者根据联合国粮食及农业组织统计数据库的数据绘制而成。

即使在同一地区，各国的人均肉食供给量也相去甚远。高收入国家人均肉食供给量也偏多。例如，2018 年，美国牛肉、猪肉、鸡肉的每周人均供给量为 2336 g，澳大利亚为 1970 g，西班牙为 1824 g，南非为 1153 g，中国为 1112 g，日本为 955 g。

如果将肉食生产中的温室气体排放量考虑在内的话，多少供给量是最理想的？

2019 年，由世界顶级专家组成的柳叶刀饮食委员会发表了一份关于食品生活的报告，旨在实现食物系统的可持续发展。

根据此报告书，在可持续发展的饮食生活中，肉食（包括所有肉类）的消费量为人均每周 301 g（不含鸡蛋和鱼类）。也就是说，需要比 2018 年的世界平均水平减少 60%。按照此标准来看，美洲、大洋洲及欧洲需要减少 80% 以上，亚洲需要减少约 50%。相反，非洲需要增加 10% 左右才能达到理想状态。

这份报告的内容并不是部分专家的极端言论。联合国粮食及农业组织及几个欧盟国家发表了正式见解，为人类敲响了警钟。他们认为目前的肉食消费量对环境造成了过高的负荷，并非可持续发展之路。比如，瑞典政府就在国民生活指南中建议人均每周的肉食消费量为 500 g 以下。

也有国家认为"目前的肉类价格过低，应该再提高一些"。比如，2020 年，研究动物性蛋白质的合理价格的荷兰非营利性组织真动物蛋白价格联盟（True Animal Protein Price Coalition，TAPPC）向欧洲议会提交了提案，建议应与"欧洲绿色协议"合作，向欧洲各国引进肉类税。所谓"欧洲绿色协议"是指欧盟在 2019 年提出的"2050 年真正实现碳中和"的欧盟环境政策的整体战略。

---

① 欧洲绿色协议（*European Green Deal*）：2019 年 12 月，欧盟委员会公布了应对气候变化、推动可持续发展的"欧洲绿色协议"，希望能够在 2050 年前实现欧洲地区的"碳中和"，通过利用清洁能源、发展循环经济、抑制气候变化、恢复生物多样性、减少污染等措施提高资源利用效率，实现经济可持续发展。——译者注

真动物蛋白价格联盟认为，鉴于对环境和健康的负面影响，肉类应该涨价。每千克牛肉应征税 4.77 欧元，每千克猪肉应征税 3.61 欧元，每千克鸡肉应征税 1.73 欧元。如果给每种肉标上生产与消费的"负外部性"价格，应该就是这么多。

引进肉类税，预计截至 2030 年，可使整个欧盟的牛肉、猪肉、鸡肉消费量分别减少 67%、57%、30%。有几个欧洲议会议员对此方案表示认同。但需要全体议员一致同意才能在整个欧盟进行推广，所以引进的可能性基本为零。但德国等一部分国家正在认真探讨从全国层面引进肉类税的相关事宜。

● 日本的食肉情况

关于肉食与环境问题的关系，不同地区和国家之间有着很大的认知差异。

这无可厚非，因为肉类消费量及其他饮食问题本身也因地区和国家的不同而有较大差异。但是，肉类消费量大的国家不一定关心这两者的关系。从全世界范围来看，最先致力于解决这个问题的是欧盟。

然而，很少有日本人能够意识到这两者的关系。

日本的肉类供给量为每周 955 g，不到欧盟各国的七成，但高于世界平均水平。按照柳叶刀饮食委员会的标准值（每周消费量 301 g），需减少 70% 左右。也就是说，虽然日本的肉类消费量比欧美各国要少很多，但也需要再减。

然而，日本几乎没有关注肉食与环境问题关系的政策性言论。我查看了过去 10 年间日本内阁政府对食品与环境问题的舆论调查，以及日本厚生劳动省的国民健康、营养调查（共 18 项），不要说肉类，就连"饮食"与自然环境的关系都未曾涉及。大多仍停留在"食品生产"与环境问题的关系层面，完全没有提到"饮食"。

肉食与环境问题的关系在日本没有得到重视的原因之一可能是，许多人都认为自己没有过量食肉。而且，在人们的印象里，日本传统饮食中的肉食不多，受这种惯性思维的影响，许多人认为当今日本饮食生活中的肉食仍然不多。但实际上，日本的饮食生活已十分欧化，食肉量虽然没有欧美多，但已经过量了。

还有一个原因，可能是因为日本的许多肉食都依赖进口，所以人们低估了食肉对环境造成的负荷。假如每周食用的 1000 g 肉类中有 500 g 是进口的，那么在国内生产肉食对环境造成的负荷就会小一半。因为日本人很难看到国外的肉食生产对环境造成的负荷，所以误认为吃 1000 g 肉食对环境造成的负荷也就相当于国内生产 500 g 肉食所造成的负荷。

按照数量计算，2020 年日本的肉类自给率为 53%。按照牲畜种类划分，牛肉、猪肉、鸡肉的自给率分别为 36%、50% 和 66%。也就是说，对环境影响越大的牲畜，自给率越低，越依赖进口，这种影响越容易被低估。

在国外饲养家畜的确不会污染日本的水和土壤。但我们生活在同一个地球上，无论在哪儿饲养，所排放的温室气体都会加速地球变暖，日本是不可能独善其身的。

无论如何，"饮食"者（消费者）的认知偏差和食肉过量是有关系的。而且，"食品生产"者获取了更多利润之后，就会迎合"饮食"者（消费者）的需求，继续生产肉食，环境问题就不被重视了。

第七章
难以摆脱的政治意见

本章继续探讨"食品市场界限引发的问题",重点关注"政治意见引发的问题"。

政治意见导致食品市场机制及平衡被破坏的情况并不少见。经常听说的政治意见有"食品安全保障"与"本国农业保护"。政府为保障食品安全而介入市场属于正当行为,已在国际上得到广泛认同。但在实际操作时很难把握介入的程度,所以操作过当的情况也是处处可见。另外,为保护本国农业,几乎所有发达国家都实施了各种无关食品安全保障的优惠政策。本章将重点探讨这些介入行为和优惠政策引起的社会问题。

● 过度保护本国农业引发的混乱

发展中国家认为发达国家的农业政策有问题,是有一定的历史背景的。

回顾 20 世纪 80 年代,当欧盟还叫作欧洲共同体时,发达国家对本国农业的保护更甚。其中欧洲共同体和美国对农业的过度保护政策以及由此导致的农产品出口倾销问题尤其严重。

因为曾经有一个时期，欧洲共同体和美国为保证本国农户得到实际利润，向他们承诺了农产品的最低价格。从农户的角度理解，就是保证了他们的产量越大，利润便越高。因此，他们理所当然地生产出了远大于市场需求的农产品。而且，在生产成本较高的发达国家，农户要想保证利润，定价就会比国际市场还要高，这直接导致了他们的粮食无法出口。

结果，国内积压了大量的剩余农产品。日积月累，便形成了庞大的剩余库存，被戏称为"黄油山、红酒海"。仅管理和处理这些剩余库存所花的成本就已经对政府财政形成了压力。

这些政策导致的财政负担甚至膨胀到了欧洲共同体整体预算的80%。美国仅维持剩余库存便需花费日均几百万美元（相当于当时的4亿日元以上）。虽然没有欧洲那么严重，但对已陷入财政赤字的美国来讲，已经是相当沉重的负担了。

因此，为最大限度地减少国内的剩余库存，欧洲共同体和美国又开始引进补贴，降低出口农作物的价格，开始向海外非法、低价出口剩余库存。即农产品的出口倾销。与剩余库存的成本相比，给农户追加补贴，刺激他们出口农产品更为便宜。另外，他们还以食品援助的形式将剩余库存的食品免费提供给发展中国家。

然而，这些措施带来的只是国际农产品市场的严重混乱。对于减少剩余库存来讲只是杯水车薪。

为改善国际农产品市场的这种局面，1986—1993年，由关税与贸易总协定组织发起的乌拉圭回合谈判围绕制定农产品贸易新规则展开了讨论，并就以下三点内容达成了一致意见。

①用关税替代各种"影响进口的政策"，分阶段降低关税；
②分阶段减少出口补贴；
③对国内农户的支援不以刺激生产为前提。

①中的"关税"是指从国外进口商品时所交的税。③的目的在于不再发生困扰过欧美的剩余库存问题。因为对农户的支援金额不与生产量挂钩，所以被称为"脱钩"。

后来，以上内容被世界贸易组织沿用。但成立世界贸易组织之后的贸易谈判进展得并不顺利。主要原因之一是发展

---

① 关税与贸易总协定（General Agreement on Tariffs and Trade, GATT）是一个政府间缔结的有关关税和贸易规则的多边国际协定，简称关贸总协定。它的宗旨是通过削减关税和其他贸易壁垒，消除国际贸易中的差别待遇，促进国际贸易自由化，以充分利用世界资源，扩大商品的生产与流通。它是世界贸易组织（World Trade Organization, WTO）的前身。——译者注

② 乌拉圭回合谈判（The Uruguay Round）：1986年9月在乌拉圭的埃斯特角城举行的关税与贸易总协定部长级会议，此次会议决定进行一场旨在全面改革多边贸易体制的新一轮谈判，故命名为"乌拉圭回合"谈判。——译者注

③ 世界贸易组织是一个独立于联合国的永久性国际组织，职能是调解纷争。总部位于瑞士日内瓦。前身是1947年10月30日签订的关税与贸易总协定。——译者注

中国家的发言权太强，与欧美各国为首的发达国家之间的隔阂较深。

因此，近年来，迟迟没有取得进展的世界贸易组织谈判逐渐被放弃，特定国家之间达成的自由贸易协定[1]与地区经济一体化[2]呈现活跃态势。地区经济一体化中最有代表性的是以前的北美自由贸易协定[3]和最近很热门的全面与进步跨太平洋伙伴关系协定[4]。2002年，北美自由贸易协定被"美墨加三国协议"所取代，"美墨加三国协议"更加强烈地反映了美国的保护主义倾向。

---

[1] 自由贸易协定（Free Trade Agreement，FTA）：是两国或多国间具有法律约束力的契约，目的在于促进经济一体化，其目标之一是消除贸易壁垒，允许产品与服务在国家间自由流动。——译者注

[2] 地区经济一体化（Regional Economic Integration）是指区域内两个或两个以上的国家或地区之间，通过建立共同的协调机构，制定统一的经济贸易政策，消除相互之间的贸易壁垒，逐步实现区域内共同的协调发展和资源的优化配置，以促进经济贸易发展。——译者注

[3] 北美自由贸易协定（North American Free Trade Agreement，NAFTA）是美国、加拿大及墨西哥在1992年8月12日签署的关于三国间全面贸易的协议。——译者注

[4] 全面与进步跨太平洋伙伴关系协定（Comprehensive and Progressive Agreement for Trans-Pacific Partnership，CPTPP）是美国退出跨太平洋伙伴关系协定（Trans-Pacific Partnership Agreement，TPP）后该协定的新名字。跨太平洋伙伴关系协定是重要的国际多边经济谈判组织，前身是跨太平洋战略经济伙伴关系协定（Trans-Pacific Strategic Economic Partnership Agreement）。——译者注

● 非常时期出口管制的正当化

如今的世界贸易组织体制非常重视自由贸易，即使在这种体制下，各国为了保障自身的食品安全，仍然采取优先本国的政策，这已成为广泛的国际性正当行为。

其中尤为突出的是非常时期的谷物出口管理制度。但所谓食品安全保障，主要还是针对为缺粮所困的一些国家而言的。

2000 年以后，谷物出口管制和出口禁止在全世界范围内流行开来。主要分为三个时期，其中两个时期是谷物国际价格的骤增时期，分别为 2007—2008 年和 2010—2011 年。另外一个时期则是新冠病毒流行的 2020 年。

在 2007—2008 年、2010—2011 年这两个时期，受到影响的农作物和地区均不相同。但无论哪个时期，都相继发生了全球性的干旱、冷害、暴雨、洪水、森林大火等灾害，使全球谷物产量大幅减少。主要谷物出口国美国、加拿大、欧盟成员国、俄罗斯、澳大利亚、乌克兰、阿根廷、土耳其等一律遭受到灾害影响，出口量锐减。另外，非洲东部的国家、中国、印度、印度尼西亚、墨西哥等谷物进口国与其他基本自给的国家也因极端天气而普遍歉收，对谷物进口的需求更加高涨。

世界性的歉收、玉米（制作生物乙醇燃料的原料）需求量的增加以及原油价格上涨等因素交织在一起，导致主要谷物的国际价格飙升至 4 倍之上。

面对谷物国际价格的飙升，许多发展中国家实施了出口管制与禁止出口的政策。例如，印度、乌克兰、塞尔维亚等国禁止出口小麦，印度、埃及、柬埔寨、越南、印度尼西亚等国禁止出口大米。中国也对主要谷物实施了出口管制。令人意外的是，俄罗斯和阿根廷等非发展中国家也实施了谷物出口管制，这遭到了国际社会的批判。

实施出口管制与禁止出口的最大原因在于防止谷物流向国外，控制国内谷物价格的上涨。

我们再来梳理一下顺序。

国际价格飙升是指国际价格比国内价格还要高出许多。此时，如果允许自由贸易，就会有人胡作非为，在国内低价购入谷物，再拿到国际市场上高价出售，赚取利润。就连原本应该在国内出售的谷物也都被出口了。这种行为会一直持续到国际价格和国内价格持平。这样一来，国内可获取的谷物量就会减少，谷物的国际价格就会飙升。为避免出现这种情况，必须阻止国内谷物流向国外。

在一些国家，许多家庭的食品支出都占到了家庭总支出的一半以上。谷物价格的飙升对他们的日常生活造成了很大的影响，成为社会形势不稳定的主要原因。因此，对这些国家政府而言，食品价格具有很重要的政治意义。

柬埔寨的一项社会经济调查显示，2009年全国平均食物支出占家庭收入的约70%。城市和农村皆是如此。城市的收入较高，从市场购买食物的比例（70%以上）也比农村（50%以上）要高，所以食物支出也高。这里需要注意的是，农村从市场购买食物的比例也在 50% 以上。这意味着即使是农村，受食品市场价格的影响也很大。

事实上，在 2008 年和 2011 年，非洲、亚洲的超过 20 个发展中国家都发生了以食物价格飙升为导火索的大规模暴动，也就是食物暴动。这些暴动基本上都是日益积累的不满情绪的大爆发，食物价格飙升只不过是导火索而已。也可以说，食物价格是可能引起人们暴动的最后一根稻草了。

2020 年，新冠疫情蔓延，全球 22 个国家都实施了食品出口管制。例如，俄罗斯和乌克兰限制了小麦出口，越南和印度限制了大米出口，泰国则禁止了大米出口。但这次不是因为世界性的食物歉收，也不是因为谷物的国际价格的飙升。这次的情况与国际食品市场硝烟弥漫的 2008 年、2011 年是不同的。

2020 年，实施食品出口管制的最大原因是各国政府担心因新冠疫情蔓延而导致食品供应链失效。这其实是一种防疫措施。

封锁和限制流动等措施的确使食品生产和流通暂时停滞下来，但不可否认，这种做法也是对未知疾病的恐惧诱发的过激反应。"虽然没有根据，但先保护好本国再说"可以说比 2008 年和 2011 年的出口管制和禁止出口政策更加优先于本国。

然而，与 2008 年和 2011 年比起来，2020 年的出口管制和禁止出口政策对食品供给的影响非常小。比如，国际可持续发展研究所的研究[1]显示，2008年出口管制和禁止出口政策对谷物贸易的影响（总热量）为49.3兆亿kcal。2020年为22.7兆亿kcal，预计为2008年的二分之一。

● 出口管制对日本的影响

日本主要从美国及澳大利亚等国进口谷物。这些世界主要谷物出口国实施出口管制的可能性非常小，因为其出口量在总产量中的占比非常高。

比如，2019年美国和澳大利亚的小麦出口比例分别为52%和55%左右。这意味着即使遇上歉收，产量减半，也还是有能力出口小麦。澳大利亚正常年份的小麦出口量约为总产量的70%。2019年，澳大利亚由于上一年开始的持续干旱导致歉收，一度需要从加拿大进口小麦。尽管如此，澳大利亚全年出口小麦量还是达到了960万t。而日本的小麦总进口量仅为550万t左右，由此可见澳大利亚在歉收之年的出口量之大。

因此，谷物出口管制对日本来讲虽不是零风险，但基本可以忽略不计。2008年和2011年时，主要谷物出口国同时遭遇歉收，谷物的国际价格飙升至4倍以上，即使在这种情况下，美国和澳大利亚也没有实施出口管制。由此也可以看出谷

---

[1] 参考了Hepburn等的研究（2021）。

物出口管制对日本几乎没有影响。实际上，那时日本的谷物进口金额已达到上一年的两倍，但由于强大的经济力量，谷物进口量并无太大变化。

美国的食品出口管制曾经给日本带来过一定的影响。虽然比较久远了，但还是很有意思的，所以放在最后讲一讲。

1973年，美国禁止出口大豆3个月。当时日本已经十分依赖于从美国进口大豆，所以，虽然只是短短3个月，日本的味噌、豆腐、纳豆、酱油等大豆制品的生产现场便乱作一团，大豆制品价格也上涨了，对日本的影响着实不小。

为什么美国会禁止出口大豆呢？一般我们会猜测是不是美国的大豆歉收了。但实际上并不是这样。

联合国粮食及农业组织的数据显示，美国的大豆产量从1970年开始持续增长，1973年更是从上一年的3460万t骤增至4211万t。这是因为1973年大豆价格飙升，所以产量增加了。所以不是因为歉收。

为什么大豆没有歉收，但价格却上涨，以至于美国都禁止出口了呢？

其实归根结底是因为秘鲁的凤尾鱼鱼荒。按照逻辑顺序来讲，凤尾鱼是家畜的饲料，鱼荒导致了饲料短缺。所以就将大豆榨去油脂之后做成豆饼，当作饲料。于是，美国国内的大豆需求激增，价格也随之上涨了。

也就是说，美国为了优先将大豆供给本国的畜产农户，禁止了大豆出口。这是一种优先本国的禁止出口行为。

此事还有更深刻的含义。从长远来看，这种禁止出口的行为对美国种植大豆的农户是非常不利的。因为日本以此为契机，计划在巴西塞拉多广阔的热带草原地区（相当于日本陆地总面积的 5 倍）大规模地开发土地，种植大豆。这项事业是和巴西政府合作展开的，正式启动于 1979 年。结果导致巴西大豆产量激增，现在已成长为超越美国的大豆出口国。也就是说，美国一时的禁止出口，为自己催生了一个未来的竞争对手。

第八章
人性的难

和"饮食"相关的社会问题,我们最后介绍的是"人性"引发的问题。

从传统经济学的机制来看,如果发明了先进的技术,制定了完善的制度,几乎所有的社会问题都应该迎刃而解。即使不够完善,如果能利用现有的技术和制度将第四章到第七章中出现的大部分社会问题进一步改善,也是不错的。然而,现实中不但会有很难解决的问题,甚至有些问题还会进一步严重化。这种理论与现实之间的鸿沟是如何产生的呢?

这是因为传统的经济学机制将"人性"过度简单化,所以假设为分析对象的人群也过于理想化了。

所谓假设的对象人群,是指正确理解并有效利用了所获取的信息,并想付诸实践。而且是只要具备物理条件,就一定会付诸实践的人。如果全世界大部分都是这样的理想人群,那么只要具备先进的技术和制度,就有可能解决几乎所有的社会问题了。

然而,人类都是肉体凡胎,这就更加称不上理想,这种不理想的部分正是"人性"。在现实世界中,即使"想做",且从物理条件上可以付诸实践,也有许多人不会去做。最常见的典型例子就是减肥失败。根据近年来的研究,可以解释这种行为的正是"人性"。

本书中所讲的"人性"是指因记忆力和认知能力的局限,对现实世界产生偏见,导致不合理选择和行为的特性。也称为"局限合理性"。局限合理性是1947年由赫伯特·亚历山大·西蒙(Herbert Alexander Simon)提出的,并非新概念。它是近年来颇受瞩目的行为经济学的基础。我们主要从心理学研究中了解人们认知偏见中存在的各种共同模式。将这种心理学知识与经济学机制相融合的领域便是行为经济学与实验经济学。

只要生而为人,都无法避免"人性"的缺点。而且,这种缺点往往会成为解决社会问题的瓶颈。再先进的技术和制度,如果没有正确使用,也无法发挥其真正的作用。而没有正确使用的主要原因就在于"人性"。

因此,在本章中我将重点关注"饮食"相关社会问题中的"人性问题",并重点列举一些"人性问题"妨碍问题解决的事例。

● "饮食"中易产生偏见?

人类的认知偏见并非一成不变,根据实际选择和行动时的条件,所产生偏见的种类和程度也不同。而且,饮食行为和状况具备了易发生认知偏见的条件。比如，人每天重复地做着几百个有关"饮食"的选择，根本无法——深入思考，这是个很现实的问题。而无法深入思考也是容易产生认知偏见的原因之一。

容易产生什么样的认知偏见呢？先来分析下第一章中论述的"饮食"的特殊性与认知偏见的关系。在此我们关注两种性质：①"饮食"直接关系到生命维系；②"饮食"是向体内摄入食物。

首先，人类往往会低估或无视自己不希望看到的或不方便做的事情。"乐观偏见""正常性偏见""鸵鸟心态"等都属于这种认知偏见。可能因为"饮食"直接关系到生命的维系，所以人们从心理上不愿意相信与其相关的不利信息，容易产生认知偏见。

曾有预言称，"如果继续维持现在的饮食方式，30年后将因气候变化而导致食物和水的价格上涨50%以上，10人中有7人连吃都吃不饱"。然而，即使相信这个预言，也几乎没有人会改变目前的饮食生活。

这是因为他们抱有"乐观偏见"，认为自己不会受影响。但真正不受影响的只有10人中的3人。所以有这种想法的人几乎都低估了"自己连饭都吃不饱"的可能性。

其次，人们由于未经历过气候变化，容易认为"不会发生那种事情"，从而无视或低估对自己不利的信息。这属于"正常性偏见"或"鸵鸟心态"。因此，即便他们认为自己会受到气候影响,也会过于低估这种影响,认为"实际上价格应该不会上涨 50%"或者"总会有办法的"。

人们会摄入食物的特点也加深了这种"不愿意相信"的心理影响。我们再次像第一章那样将身体比作自己的房子。面对以下两种情况,请你思考一下,比较不愿意相信哪种?

情况一　在自家门前检查水表的人其实是强盗;
情况二　来自己家里维修卫生间的人其实是强盗。

你应该是两者都不相信,尤其不相信第二种情况吧?那个人在自己家里还是家外,印象(直觉)上会很不一样。同样的道理,与不摄入体内的食物相比,对于摄入体内的食物,不愿相信有关摄入的食物的不利信息的心理认知会更加强烈,结果更有可能发生较大的认知偏见。

而且,假如人们经历过第二种情况,也许会有更加过激的拒绝反应:不仅会拒绝来家里维修卫生间的人,有些人可能会拒绝所有外人进入自己家里,如维护检查工人和电气施工工人等。

这种过激反应绝对是不合理的,这与心理学上的确定性效应有关,且并不稀奇。所谓确定性效应,是指在从未怀疑过其安全性的事情上,只要出现一点点风险,就会认为比实际风险大很多的心理效应。同样的道理,与其他商品的安全性相比,人们很有可能对食品安全性方面的一点点风险也会产生过激反应。

比如，在肯尼亚的一项研究报告[1]中，为调查人们对艾滋病（HIV）病人的偏见，统计了艾滋病人"打包的坚果"和"手工制作的扫帚"（与普通的坚果和扫帚相比）会被多少人嫌弃。这里要强调的一点是艾滋病不会经口传播，所以通过这两样东西传播的风险几乎为零。尽管如此，坚果的购买率还是下降了约50%，而扫帚的购买率下降了约40%。针对两种商品的过激反应都令人惊讶，但对食物的过激反应更甚。

在"饮食"的特性中，除了上述两点，还有许多容易造成人们认知偏见的条件。关于其他特性与认知偏见的关系，我们将结合实际社会问题进行说明。

● 营养不良应该再少些

首先来关注下第五章中提到的一些国家的营养不良问题。从传统经济学的机制来看，"如果给贫困家庭补贴食物费用，那些家庭的能量摄入就会增加，营养不良就减少了"。应该有许多人觉得这是当然的。

实际上，并不是补贴多少，这些家庭的食量就会增加多少。比如，贫困家庭为了摆脱营养不良，还需要价值1000日元的小麦。所以，政府补贴给他们价值1000日元的小麦。但贫困家庭的小麦食用量只增加了相当于500日元的量，或者几

---

[1] 此部分内容参考了Hoffmann等的研究（2014）。

乎不增加。结果，营养不良的状况并不会如期改善。

具体看下印度政府实施的"公共分配系统"。在这个系统中，为确保贫困家庭有机会获得主要食品，印度政府每年投入约7500亿卢比，用于谷物和砂糖价格的补贴。公共分配系统始于1947年，之后经历了数次改革，于1997年形成目前的模式。

然而，在实施公共分配系统的情况下，印度营养不良率的3年平均值仅从2003年的18.4%下降到了2020年的15.3%。因为年均人口增长率为1%，所以营养不良人数反而从2003年的1亿9830万人增长到2020年的2亿860万人。

迄今为止的许多研究都对公共分配系统下饮食生活和营养状态的改善效果进行了分析，结论几乎都是效果甚微。其中有一个研究①验证了对豆类价格进行补助之后，贫困家庭的豆类食用量与蛋白质摄入量增加了多少。

价格补贴之前每户家庭的蛋白质摄入总量为191.6 g/d，少于建议摄入量240 g/d，所以是摄入不足的。每户家庭从豆类中摄入的蛋白质为23.24 g/d，如果能通过价格补贴将豆类食用量提高至两倍及以上，应该就十分接近建议摄入量了。

然而，公共分配系统下的豆类采购模式虽然发生了较大变化，但蛋白质的整体摄入量几乎没有增加。因为在此系统

---

① 此部分内容参考了Chakrabarti等的研究（2018）。

下，木豆和毛蔓豆便宜了，购买量成倍增加，而没有便宜的其他豆类的购买量大幅减少了。

结果，每补助 1 kg 豆类，每个家庭每月的豆类食用量仅增加了 126~266 g，从豆类中摄入的蛋白质量仅增加了 1.38 g/d。但家庭整体饮食生活中的蛋白质摄入总量反而增加了 11.96 g/d。这是因为他们使用豆类补贴买了肉类。尽管如此，每个家庭的蛋白质摄入量还是比建议摄入量少了约 50 g/d。所以不得不说，公共分配系统的效果是不理想的。

如果不改变其他豆类的食用量，此项补贴应该可以使蛋白质摄入总量增加 23 g/d。但实际上，尽管蛋白质摄入不足，人们还在做着使补贴效果事倍功半的事。

引起这种行动的认知偏见有"心理账户[1]"和"风险补偿行为[2]"。

所谓"心理账户"，是指主观上的盈亏计算，有时会与客观的价值判断产生偏差。例如，买彩票中的 1 万日元和辛苦打工赚的 1 万日元从客观上来讲都是 1 万日元，最佳使用方法应

---

[1] 心理账户（mental accounting）是芝加哥大学行为科学教授理查德·塞勒（Richard Thaler）提出的概念，是行为经济学中的一个重要概念。由于消费者心理账户的存在，个体在做决策时往往会违背一些简单的经济运算法则，从而做出许多非理性的消费行为。——译者注

[2] 风险补偿行为（risk compensation behavior）主要是指事前（损失发生以前）对风险承担进行价格补偿的行为。——译者注

该是一样的。但是，由于心理账户的作用，买彩票中的 1 万日元意外之财会被乱花掉，而辛苦打工赚的 1 万日元会被当作生活费踏踏实实地用掉。

同样，贫困家庭会觉得政府补贴的钱是"赚到了"或者"反正是白得的钱"，所以会用于烟酒等不必要的物资，或者用来买稍微奢侈一点的肉类等。

所谓"风险补偿行为"，是指感觉到周围环境的危险系数降低时，想要做出补偿性的比以前更加危险的行为。也就是说，贫困家庭接受了补贴，在金钱上比以前稍微宽裕些，就有可能选择比以前更加不健康的生活方式。这种认知偏见也是政府发放补贴后人们的饮食生活更加不健康，烟酒消费量增加的原因之一。

● 决定孩子生死的思维定式[①]

在一些国家，不仅缺粮，甚至还缺安全的饮用水。不安全的水引起了诸多严重问题，幼儿痢疾便是其中之一。

根据联合国儿童基金会的数据，2017 年全世界 5 岁以下儿童中约有 8% 死于痢疾。也就是说，平均每天约有 1400 名，每年约有 52.5 万名儿童死于痢疾。其中近 90% 的死亡案例集中在亚洲南部和非洲。

---

① 此部分内容参考了 Datt 和 Mullainathan 的研究（2014）。

许多人会说："痢疾啊，很好治的呀！"实际上也的确如此。

的确，痢疾是可以预防的。接种疫苗、母乳喂养、用肥皂洗手、安全的饮用水以及扩大厕所普及率等都可以有效预防。

即使患了痢疾，也可以使用口服补液盐水这种便宜又有效的方法进行治疗，治愈率几乎是100%。因痢疾而死亡的大多数病例主要死于脱水，如果可以适当补充水分，至少可以避免死亡。而且，口服补液盐水作为中暑用药，在日本的药店中极为常见。

实际上，多亏了预防措施和口服补液盐水，全球死于痢疾的5岁以下儿童人数由2000年的约120万人锐减至2017年的约52万人。但死于痢疾的5岁以下儿童中的90%以上本来都是可以服用口服补液盐水来治愈的。也就是说，从技术角度看，2017年死于痢疾的5岁以下儿童的人数是可以减少到5万人的。

问题在于口服补液盐水在一些国家的使用尚未普及。它极为便宜，甚至是免费的，至少去医院可以很方便地买到。但却因为某些原因而没有被使用。

2016年，印度5岁以下的儿童患痢疾时，67.9%儿童的父母会带他们去医院就医，但实际使用了口服补液盐水的只有40.1%。直到2020年，这些国家患痢疾的5岁以下儿童使用口服补液盐水的比例也只有40.8%。

为什么不用口服补液盐水呢？

刚开始，政府及研究学者认为"是因为父母的受教育水平低，教育一下就好了"，或者"再多普及些有关口服补液盐水的知识就好了"。这些国家也花了很多经费在教育项目和信息提供活动上。但状况并未改善，父母的行为并未发生期待中的变化。

以下几种认知偏见可以解释这些父母的行为：错误归因、损失避免、现时偏见等。

所谓"错误归因"是指弄错真正的原因，相信了错误的因果关系。就拿痢疾来讲，孩子因为饮用了不安全的水而得了痢疾，并且因此而丧命时，父母会认为是"因为喝了水才导致病情恶化"。所以父母认为不应该给得痢疾的孩子喝水，而口服补液盐水是将口服补液盐溶化于水中，也是液体，所以也不能给孩子喝。根据印度的调查，贫困家庭中的女性有35%~50%会"在孩子患痢疾的时候，减少孩子的饮水量"。

事实上，孩子死于痢疾的真正原因是痢疾引起的脱水症状。因此，得了痢疾之后，给孩子持续饮水才是正确的治疗方法。最好是给他们喝口服补液盐水，即使身边只有不安全的水，也不能不喝，应该将水煮沸后给孩子饮用。减少饮水量的思维定式是错误的，反而是促使孩子病情恶化的元凶。虽说这种观点是误解，但要想改变曾经深信不疑的东西还是很难的，思维不改变，行动也不会改变。

再者，由于"损失避免"的认知偏见在作祟，关系到孩子的生死时，父母的行为就更难改变了。所谓"损失避免"，是指在比较等额的利益和损失时，从损失中失去的满足感比在利益中得到的满足感更大的心理倾向。与利益比起来，过度恐惧损失，并且无法改变现状的倾向称为"现时偏见"。拿口服补液盐水的例子来讲，与"使用口服补液盐水对孩子的帮助"比较起来，他们过于恐惧"使用口服补液盐水会导致孩子死亡"的损失。他们认为不必改变自己的行为，所以也不给患痢疾的孩子使用口服补液盐水。

● 追悔莫及的肥胖与环境

接下来分析肥胖与环境问题的共性与认知偏见之间的关系。这些问题的特性在于，"饮食"与其结果之间有较大的时间差，而且结果所造成的影响很模糊。也就是说，从吃下食物到变胖或环境问题凸显出来，需要数月甚至数年，这对自己的健康及生活产生的消极影响是模糊的，难以评估的。这种特性容易促使"现时偏见"与"模糊厌恶"的产生。

所谓"现时偏见"，是指与将来的满足相比，过于重视现时满足的一种倾向。经济学上叫作"时间贴现率"。

先来看一个简单的例子。假如"吃汉堡"带来的满足度是 10，"不肥胖"带来的满足度是 11。而且，吃汉堡一年后一定会变肥胖（只是假设）。如果吃了汉堡立即变肥胖的话就简单了：只需比较两者的满足度，若选择满足度较大的"不变肥胖"，那么不吃汉堡就好了。

然而，我们实际上比较的是"现在立刻能吃到汉堡"和

"一年后不长胖"的满足度。与眼下相比,人对未来的满足感知度是会减弱的。假设一年后的满足度会减弱一成,这一成在经济学上就叫作"时间贴现率"。

因此,"一年后不变肥胖"的满足度就从 11 减去一成,变为 9.9 了。而"现在立刻能吃到汉堡"的满足度是 10,所以人们往往就选满足度更高的"现在立刻能吃到汉堡"。但到了一年后,人们真的变胖时,"不变肥胖"就比"吃到汉堡"的满足度更高,这时又会后悔"为什么一年前要吃汉堡"。

"饮食"与"饮食结果"之间的时间差越大,"时间贴现率"的影响就越大。在传统经济学中,"时间贴现率"是固定的,默认时间越长,贴现率的合计指数增长得越慢。但实际上"时间贴现率"是根据选择条件的不同而变化的。这种现象在行为经济学中称为"时间贴现率"的"反常现象"。在此我们重点关注这种反常现象中的金额效应与动态不一致性。

所谓"金额效应",是指金额越小,"时间贴现率"越高的倾向性。

比如,下面两个问题各有 A、B 两个选项。大家可以选择自己喜欢的选项。

问题 1:

A 今天得到 500 日元;

B 明天得到 505 日元。

---

[1] 此部分内容参考了 Thaler 的研究(1981)。

问题 2：

A 今天得到 500 万日元；

B 明天得到 505 万日元。

你选了哪个呢？

如果"时间贴现率"不受金额影响，即金额效应较小时，应该会两者都选 A，或两者都选 B。在问题 1 和问题 2 中，延迟一天所得的利率都是 1%。

但实际上，问题 1 选 A 的人多，问题 2 选 B 的人多。也就是说，500 万日元延迟一天的利息（5 万日元）已经够多了，而 500 日元延迟一天的利息（5 日元）却不多。换言之，500 万日元的"时间贴现率"不足 1%，而 500 日元的"时间贴现率"大于 1%。总之，金额越小，"时间贴现率"越高。

由此可知，金额较小的食品比金额较大的汽车的"时间贴现率"要高。也就是说，选择食品时的现时偏见可能比选择汽车时要强。这也是为什么人们宁愿选择环保型的汽车，也不选择环保食品的理由之一。

所谓"动态不一致性"，是指"现在的自己"和"未来的自己"的价值观不一致的特性。请大家从下面两个问题的 AB 选项中选出自己喜欢的。

问题 3：

A 今天得到 5 万日元；

---

① 此部分内容参考了 Loewenstein 和 Prelec 的研究（1992）。

B 明天得到 5.5 万日元。

问题 4：

A 一年后得到 5 万日元；

B 一年后得到 5.5 万日元。

具备动态一致性的人会认为，在问题 3 和问题 4 中，"晚一天可得到的利息和金额"是一样的，所以要么两个问题都选 A，要么两个问题都选 B。但实际上，问题 3 人们会选 A，问题 4 人们会选 B。也就是说，"现在的自己"比"未来的自己"的"现时偏见"强。

更加概括地讲，人们对眼前事物的忍耐力较弱。而且，对于每天都在被迫重复选择的食品，人们很容易做出短视的选择。越是短视，饮食就越是不健康。

比如在美国的芝加哥和洛杉矶开展的有关外卖服务的现场实验[1]。

在此实验中，首先让参与实验者提前一周预订了外卖，预算为 2000 日元以内，可以从十种蔬菜、水果和十种点心中挑选自己喜欢的。一周后，在送外卖当天，再突然告诉大家一周前预订的外卖可以更改内容。于是，46% 的人都减少了外卖中的蔬菜、水果，增加了点心，更换成了比较不健康的食物。食物的总热量也平均增加了 60 kcal。也就是说，即使立

---

[1] 此部分内容参考了 Sadoff 等的研究（2020）。

足长远，制订了健康的饮食计划，在实施计划的"当下"，还是会牺牲"未来"的健康而选择不健康的饮食方式。

做出这种选择的另一个理由是"模糊厌恶"。人们往往自然而然地回避看不清结果的选项。何况"饮食"对"未来"的健康与自然环境的影响在数年后，甚至数十年后才能明确，"现在"只能进行大致预测。再者，立刻吃到喜欢的食物确实可以得到极大的满足。因此，与"未来"的健康与环境相比，人们就会优先选择"当下"的美味了。

● 对食品安全性的过度反应（Overreaction）

本章开头提到过"饮食"的两个特性："直接关系到生命维系"与"向体内摄入食物"。并且利用"确定性效应"的作用，分析了人们容易对食品的安全性产生过度反应的现象。因为食品安全性"不能目测"，所以只能根据以往的经验和第三方信息进行判断，在这个判断过程中容易发生认知偏见。接下来，本书不仅停留在个人认知偏见的层面，也从助长个人认知偏见的社会环境的影响层面展开分析。

对食品安全性的过度反应大致分为以下两种类型。

类型①：过度误解实际风险；
类型②：感情上无法接受任何风险。

首先，引起第一种类型的"人性"分为"可得性法则"与"效用层叠"。

所谓"可得性法则",是指人们判断风险时,会优先使用并重视容易收集或容易想起来的信息。比如,人们从亲友那里听说"吃了那家店的便当,拉肚子了"。不管拉肚子的真正原因是不是这家店的便当,即使其他客人并没有拉肚子,人们也总觉得这家店的便当不安全了。

所谓"效用层叠",是指个人偏见在 SNS[①] 等社交平台上形成连锁反应,或被媒体进行了不实报道,促使整个社会产生认知偏见的现象。比如在第六章中列举的牛海绵状脑病。2001年,日本千叶县突然发现疑似患有牛海绵状脑病的牛,各家媒体纷纷报道,导致整个日本进入了恐慌状态。日本随即对30月龄以上的牛展开了筛查。然而,被毫无科学根据的报道和舆论所裹挟,政府很快又开展了全检。

问题在于,即使检查了青壮年牛(30月龄以下)也没有任何意义。政府忽略了这个科学事实,由筛查扩大到全检。引发牛海绵状脑病的异常的朊病毒蛋白随着牛的月龄增长而积聚在牛的脑中。平均需要经历50个月才能积聚到可以检查出来的程度。所以,即使青壮年牛感染了牛海绵状脑病病毒也检查不出来。专家们非常清楚这个事实。已经在处理牛海绵状脑病问题的欧洲各国之所以只检查30月龄以上的牛,也是这个原因。

---

① SNS(Social Networking Service):社交网络服务。——译者注

也就是说，当初政府只检查 30 月龄以上的牛的判断是合理的、正确的。但日本社会并没有相信欧洲的先例和专家的意见，而是优先相信了身边最易获取的电视节目、周刊杂志中的信息，而政府也不能与社会舆论相背离。扩大为全检之后，在一部分毫无意义的检查上花费了几百亿日元，并且用税金支付。这无论从科学性还是经济性上来考虑，都是不合理的。

美国和韩国也有消费者对牛海绵状脑病的报道反应过度。比如，在美国的一项实验中，先给随机选中的被采访者看 5 分钟有关牛海绵状脑病的新闻，然后询问他们愿意为一个牛肉汉堡支付的价格是多少。没看新闻的小组平均愿意支付 2.44 美元，而看过新闻的小组平均愿意支付的价格则低了许多，只有 1.39 美元。也就是说，只给他们看了 5 分钟有关牛海绵状脑病的新闻，在他们眼中汉堡的价值就下降了 60%。

还有比这更极端的反应，就是类型②。不是金额问题，而是根本不容许有任何风险。可以解释这种反应的"人性"有"确定性效应"和"零风险效应"。

所谓"零风险效应"，是指在任何方面都希望风险为零。比如，在某个食品工厂里有两种提案：一个是"将食品污染率从 56% 降至 55% 需要花费 1000 万日元"，另一个是"将食品污染率从 1% 降至 0% 需要花费 1000 万日元"。两个方案都是

---

[1] 此部分内容参考了 Messer 等的研究（2011）。

将污染率降低 1%，都是花费 1000 万日元。但给人的感觉却是从 1% 降至 0% 的提案更有价值。

再举一个属于类型②的福岛大米的例子。2011 年，福岛县发生了核电站泄漏事故，从那时至 2020 年，对县内产的所有大米进行了放射性物质（全量全袋）检测（现在只针对一部分市町村进行检测）。福岛大米的年均产量约为 37 万 t，全部检查需要花费约 60 亿日元。但由于消费者担心"食品中的放射性物质危害健康"，为了尽可能地减轻他们的不安情绪，还是进行全检了。而且，从 2015 年开始，没有一袋大米超出国家标准值（每千克含 100 贝可放射性元素铯）。尽管如此，还有不少人至今绝对不买福岛大米。

我的研究团队在 2016 年和 2020 年分别实施了一项关于福岛大米的调查[1]。在 2016 年的调查中，有 35% 的人回答"即使再便宜也不买福岛大米"，2020 年也有 27% 的人这样回答。约 30% 的人不买的理由是"检查不可信"，还有 30% 的人表示"想避开放射性物质"，剩下 40% 的人表示"没有理由，就是不买"。

结合 2015 年之后全量全袋检查的结果，除"检查不可信"之外，其他的理由均不合理，很可能只是从感性上不接受福岛大米。

---

[1] 此部分内容参考了 Shimokawa 等的研究（2021a）。

由此调查结果可以看出，一部分人对福岛大米的过激反应呈现出长期化趋势。而长期化的原因是"认知惯性"与"证实偏差"等。

所谓"认知惯性"，是指在某一刻的认知是有惰性的，不变的。这是"人的认知"与"现实"发生偏离的主要原因。例如，在核电站泄漏事故刚刚发生后，人们对福岛大米的认知还没什么变化，但实际上大米品质已经有很大改善了。于是，认识与现实之间便产生了巨大的鸿沟。即使到了2020年，核泄漏事故已经过去九年了，还有人的反应和刚刚发生时一样，这就是脱离现实的过激反应。

那么，为什么人们的认知没有发生变化呢？其中一个原因就在于"证实偏差"。所谓"证实偏差"，是指下意识地只收集对自己有利的信息，无视或轻视反面信息。具体到这个例子，是指刚刚发生事故之后认为"福岛大米非常危险"，当国家和福岛县发布了许多改善情况的信息之后，仍然只关注与自己的最初认知一致的信息。

● 错误估计自己的影响力

在第六章中我讲到了肉食对自然环境造成的负荷特别大。但人们的食肉量很难说减少就减少。根据前面讲的"现时偏见"和"现状维持偏见"原理，是因为与未来的环境问题相比，人们优先满足了自己对眼前美味肉食的渴望。

除了这些认知偏见，还有一个原因。那就是，人们都喜欢不费力气地思考问题，所以很容易在没有经过严密思考的情况下得出一个简单的结论。比如肉食与环境问题，人们就认为"一点点变化说明不了什么"，或者"除非变成素食主义者，否则就没有意义"。这些结论是极端且主观的。但他们不愿意再进一步思考了。

他们只考虑两种可能性，要么"完全不改变"，要么"全部改变"。这比研究"只改变10%""每阶段改变2%"等其他无数的选项要简单和省事儿多了。但是，如果只有两个选项的话，"改变行为"就等同于"全部改变"了，改变行为的难度就变得过高，最终几乎所有人选择了"完全不改变"。

有不少人会错误估计行为改变带来的影响。比如"注重健康的甲先生"和"喜欢吃肉的乙先生"。假设两个人都要降低吃肉的频率。甲先生的吃肉频率较低，为"两天一次"，想进一步减少为"四天一次"；乙先生每天都吃肉，想稍微减少一点，减为"一周五次"。为了更加容易理解，假设两人吃同一种肉，每次都吃 100 g。

来比较一下两人的行为变化，谁在减轻肉食对环境的负荷方面，效果更为突出呢？

我想会有不少人选择甲先生。的确，甲先生平时的食肉量较少，且降低频率的比例也较大（50%），而乙仅为29%。然而，在评估降低环境负荷的效果时，最重要的不是"现在的量"和"变化的比例"，而是"变化量"。

再来看看他们的每周食肉量各自减少了多少。甲先生从 350 g（=100 g×7/2 日）减为 175 g（=100 g×7/4 日），减少了 175 g；乙先生从 700 g（=100 g×7 日）减为 500 g（=100 g×5 日），减少了 200 g。也就是说，乙的食肉减少量比较多，减轻环境负荷的效果也更为突出。而且，如果喜欢吃肉的乙先生比注重健康的甲先生单次食肉量大的话，则乙的食肉减少量的将比甲的减少量更大。

也就是说，喜欢吃肉的人哪怕改变一点点行为，便会产生相当大的影响力。但许多人看到这个例子时，都会误认为甲先生的影响力更大，也有不少人会错误地估计自身的影响力。这种错误认知也是人们没想过要减少食肉量的原因之一。

● "食品生产"中也存在偏见

"人性"是如何影响"食品生产"的呢？

在"饮食"生活中，食物的选择十分重要，在"食品生产"中，生产的方法十分重要。比如，引进新技术和机器、采购生产材料、管理耕地，等等。其不能像"饮食"一样当即做出选择，而是需要提前数月甚至数年制订生产计划，慎重考虑之后做出各种选择。而且，涉及金额也比日常饮食要大得多，如果不考虑市场情况等因素，很可能会造成巨大损失。

但也不是说"食品生产"中的选择就绝对合理，完全不存在偏见。既然人都是肉体凡胎，做选择时的信息、知识量及处理问题的能力就一定是有限的。所以，传统经济学中预想的"合理选择"和"实际选择"之间就产生了鸿沟。

在此重点关注选择生产方法时影响我们的"人性"之中的"注意力限度"、"动态不一致性"和"自制力"。

● 为什么好方案不被采纳？

有时候，即使生产方式有明显的经济优势，成本又低，农户也不会采用。

例如美国的研究团队在印度尼西亚进行的海藻养殖实验。印度尼西亚很盛行养殖一种叫作麒麟菜的海藻，这种海藻是制作琼脂和卡拉胶（用作食品添加剂）的原料。此实验的研究范围为小渔户较多的贫困地区。几乎所有渔户都采用海底养殖法。即在浅海底直接打桩，桩与桩之间绑上绳索，用于养殖海藻。

这种方法虽然简单易行，但很容易遭到有害生物的攻击，生产效率不高。效率较高的方法是养殖筏，但改用养殖筏就会额外增加费用和劳动力，对小渔户来讲不太现实。

因此，研究团队仅仅稍微改良了目前正在使用的海底养殖法，并向渔民说明了这样最多可使海藻养殖的收入增加30%，实际上也确确实实提高了渔户的收入。这个改良方法，既简单又没有额外费用，非常切实可行。但在此研究结束之后，几乎没有渔户采用。

再来讲具体一点，由于所使用绳索的间距、绑在绳索上的种苗间距以及养殖地的波浪强度不同，海底养殖法的生产效率也不尽相同。对此渔户十分清楚。除了这些因素，研究团队新提出的方案还改变了绑在绳索上的种苗大小。在波浪小的地方绑上大的种苗，波浪大的地方绑上小的种苗，保证每个地方都绑上了最合适大小的种苗。这种方法提高了生产效率，并实实在在地使渔户的收入增加了30%。虽然修剪种苗花费了时间，但确实是一个可操作性非常强的改良方案。尽管如此，渔户还是基本没有采纳。

可以解释渔户这种行为的主要原因就是"注意力限度"。著名的"选择性注意测试"便是解读"注意力限度"的。我个人推荐"篮球意识测试"。在这个视频中，白队和黑队两个队伍一起玩抛掷篮球，需要数出白队抛掷的次数。在网上可以很方便地搜索到这个视频，如果你还没有看过，请一定要先观看，再接着往下读。

我现在默认你们已经看完视频，所以继续往下探讨。

其实这个视频的重点不是抛球次数，而是那只熊。有一只熊迈着太空步从画面中间穿过抛球人群。几乎没有人在看第一遍的时候就发现这只熊。因为要集中精力数抛球次数，就不会注意到其他事了。这就是"注意力限度"。

现实世界比这个视频更加复杂，而且没有回放机会。有不少人甚至根本没发现"自己没发现那只熊"。即使你跟他说画面里有只熊，他也不会相信。

比如印度尼西亚的渔户养殖海藻的例子。抛球次数就好比"绳索间距或者种苗间距",熊就好比"种苗大小"。其实,几乎100%的渔户都知道正确的"绳索间距或种苗间距",但能把握好"种苗大小"的渔民却只有16%左右。也就是说,他们的注意力集中在"绳索间距或种苗间距"上,并没有关注"种苗大小"。无论再怎么亲身实践,没有关注的事都是"看不见"的。所以,他们既没有从实践中学习,也没有采纳改善方案。

日本也存在这个问题。即使引进了新技术,也不被人们采用。比如农药,再怎么强调使用新农药的必要性,农户们还是不肯更换新农药。病虫害可能对传统农药产生耐药性,导致传统农药不再有效。这时就需要使用作用原理不一样的新农药。

这个问题难就难在,不只涉及一家农户。即使这家农户及其所在的街镇正确使用农药,尽量使病害、虫害不对农药产生耐药性,也会有街镇以外或国外的病虫害传播进来。所以,仅靠街镇或国内的对策是很有限的。

像斜纹夜蛾、伊苏斯飞虱、椿象等害虫就是从东南亚越洋来到日本的。国外的许多农户都对它们使用了大量农药,即使喷洒了5倍以上的传统农药,它们还是生龙活虎,这些害虫已经对传统农药产生了超级耐受性。因此,国内的传统农药对它们根本不起作用,农作物必定会受到重创。

这个问题也涉及"注意力限度"。也就是说,不肯使用新农药的农户根本没关注到国外发生的事。

在引进新技术时,"注意力限度"的影响尤其大。因为新技术大多"新"在"目前为止谁也没发现的部分",即"没注意到的部分"。即使了解了新技术的优点,如果没去关注这种"新",就不会理解优点的价值,当然也就不会采纳新技术了。这也是他们很难采用新的生产技术去应对气候变化的主要原因之一。

● **不使用肥料的荒唐事**[1]

再来看看非洲是如何使用肥料的。在撒哈拉以南的非洲地区,食品生产效率低的农户根本不使用肥料。

为什么呢?是买不到还是价格太高了?是肥料没有效果所以不用?还是不了解肥料的效果?有时候答案是肯定的,但很多时候并不是这些原因所能解释的。

从肯尼亚的几项研究中可以发现,肥料很容易买到,价格便宜又有实际效果,农户也认可这种效果。但还是有农户不使用肥料。

市场上有足够的肥料,连农村附近的市场上也可以买到。还有为耕地面积较小的农户考虑的小份肥料在出售。不用整袋购买,只花一点点钱,买自己需要的量就可以了。而且,以肯尼亚西部的小麦农户为调查对象的土地实验清楚地表明,增加

---

[1] 此部分内容参考了 Duflo 等（2011）和 Duflo 等的研究（2008）。

了肥料的使用量之后，农户的收入增加了36%。即使没有使用肥料的农户也明白增加肥料使用量可以提高产量、增加收入。

在有关肥料意识的调查中，有97%的小麦农户表示下一季会使用肥料。但到了下一季，实际使用肥料的农户却只有37%。当然，可能是因为回答者尽量配合调查者，说了调查者所期待的答案，而没有说自己的心里话，这点需要注意和说明一下。从"人性"角度考虑，这是极有可能的。

"人性"中的"行动非一致性"可以解释农户这种矛盾的行为。对于未来的计划，可以做出更加合理的更能忍耐的选择，但到了当天却懒惰倦怠，不能按计划实施，这是人的通病。

肯尼亚的农户可能是懒得去附近的市场买肥料，就这样拖着拖着，还没来得及准备肥料就到了播种季节了。

还有一种可能性，就是"缺乏自制力"。从马拉维共和国的一项研究①中可以明确地看到，农户的"富裕时期"和"需要肥料的时期"相差了几个月，由于农户没有计划性地进行储蓄，最终几乎所有的农户都没有使用肥料。

因为农户家底最丰厚之时是刚刚收获完农作物之后，但此时却不是最需要肥料的时候。虽然农户手上有钱，但并不急于买肥料。几个月后，该播种时才需要肥料。同时，如果农户缺乏自制力，就不会为了播种季购买肥料而存钱，而是毫无计

---

① 此部分内容参考了 Brune 等的研究（2011）。

划地用在其他方面。到了该买肥料的时候，农户却连这点钱也拿不出来了。

● 人性缺陷尚存

最后来看看"食品生产"中的施肥（氮肥）过度、除草不到位等问题与"人性"之间的关系。

首先，与撒哈拉以南非洲地区的小麦农户相比较，印度的大米农户中存在着施肥过度的问题。为了更加高效地种植农作物，需要注意氮肥、磷酸和钾肥的比例平衡。而且要根据农作物的种类进行合理配比。种植水稻时，如果只施氮肥且施肥过量，反而会有反效果，造成产量减少。

那么，为什么会施肥（氮肥）过度呢？因为农户认为"绿叶生长→植物健康→产量上升"。氮肥可以促使农作物的叶子生长，所以为了提高产量，就施了很多氮肥。这种生长原理适合菠菜等叶菜类蔬菜。

然而，水稻的可食用部分并非叶子，而是种子。如果植物自身（叶子）生长所吸收的营养（氮素）过多，它们就不打算留下子孙（种子）了。因此，如果为了让水稻叶子长大而过度施肥（氮肥），种子就会减少，大米就会减产。

其次，要想提高生产效率，在土质方面比较重要的是除草。只要增加除草的次数就有可能大幅提高产量。根据印度的一项研究[1]，只要将除草次数从现在的一年一次增加到一年两次，小麦产量就有可能增加 23%，鹰嘴豆的产量就有可能增加 49%。但即使这么跟农户强调，他们也不会增加除草的次数。

为什么呢？也是因为"行动非一致性"和"缺乏自制力"。尤其像除草这项工作被认为无聊又麻烦又花时间，拖一拖也不会有致命影响，农户特别容易受这些偏见的影响。即使农户明白了除草的重要性，也制订了一年除草两次的计划，但到了当天，农户还是会不自觉地将除草工作往后推。结果还是和以前一样，一年只除一次草。

我在第八章讲了"人性"在"饮食"与"食品生产"体系中的影响。在改善、解决"食"相关社会问题的政策及制度设计上，除自然条件和市场功能之外，把握"人性"的影响也是十分重要的。在第三部分中，我将针对这些点展开详细论述。

---

[1] 此部分内容参考了 Banik 等的研究（2006）。

第三部分

挑战未来
——为优化"饮食"而不断探索和试错

前面介绍了"饮食"方面的社会问题。在第三部分中，我们将探讨为尽可能地改善这些问题而进行的尝试。

首先我想强调的是，没有任何简便易行的方法可以一次性解决所有问题。尤其是解决在第二部分中列举出的，时至今日仍根深蒂固的社会问题，更是没有"这样做一定能成功"的简单的解决方案。但这并不是说什么都不用做了，反复试错才有可能解决问题。

关于反复试错，我们分三组进行讨论。大家应该还记得，在第二部分中，我们将出现"饮食方面的社会问题"的原因分为三组（自然法则、食品市场的局限性、人性）。在第三部分中我们也采取同样的分组方法。

第九章重点讨论"自然法则"引发的问题；第十章重点讨论"食品市场的局限性"引发的问题；第十一章重点讨论"人性"引发的问题，并对其改善措施展开分析。

第九章
直面自然法则

通过第四章我们了解到,"自然法则"对"食品生产"和"饮食"的影响是无法避免的。因此,重点不是消除影响,而是采取对策,尽可能地缩小这些无法回避的影响。这些对策至少包含两方面:第一,构建能缩小影响的社会机制;第二,开发能缩小影响的技术。

所有的对策都需要从这两方面考虑,只不过侧重点不一样。在本章中,我们将对三种政策进行分析:第一是侧重于社会机制的"产地接力"[①];第二是侧重于技术的"基因工程"、"素肉"以及"人造肉";第三是同时从这两方面考虑的"昆虫食品"。

[①] 产地接力是农作物栽培技术发展的结果。是指充分利用日本的狭长地形,各地像接力一样依次迎接农作物旺季的一种机制。由此可以保证常年稳定地为国民供给蔬菜和水果。——译者注

长期保存和产地接力

大家应该经常在超市里看到过苹果和卷心菜吧！请你顺便也看下产地。不知道此刻您读这本书是什么季节，但无论是什么季节，基本都可以看到苹果和卷心菜。还有不少其他国产农产品，比如大米、土豆、洋葱、胡萝卜、生菜等，一年四季都可以买到。

但是，请大家思考一下。农产品本是季节性的产物，并非任何时候都能收获，尤其是栽培时间长，一年只能收获一次的农作物。那为什么一年四季都可以买到这些农作物呢？

答案（一年四季供应农作物的方法）大致有二。

第一是长期保存。大米、土豆、苹果等可以长期保存的农作物，在收获之后可以长期储存起来，再根据时机慢慢地流通到市场上。苹果的收获季节大约在 8—12 月，但我们经常可以在超市看到"富士"苹果。因为这个品种适合长期保存。

那么，不适合长期保存的农作物该怎么办呢？卷心菜和生菜等叶菜类不太可能长期保存，但几乎整年都可以在超市里看到。

第二个原因即收获季节，在不同产地之间进行的"产地接力"。

爱知县和群马县是日本屈指可数的卷心菜产地。爱知县主要在 12—翌年 4 月出产卷心菜。紧接着，4—6 月轮到千叶县和神奈川县出产卷心菜，7—10月是群马县，11月又轮到千叶县，12月又回归到爱知县。各个产地就是这样进行旺季接力的。夏季，生菜产于长野县和岩手县，秋季产于茨城县和香川县，冬季则在静冈县进行温室栽培。

即使可以长期保存的农作物，有时也会进行产地接力。比如，在市场上一年四季都可以看到北海道产的土豆。但到了北海道土豆比较缺货的4—6月，长崎县和鹿儿岛县产的土豆便多起来了。

当然，也有不少农作物既不适合长期保存，也不适合产地接力。比如橘子、草莓、西瓜等，虽然比较常见，但有一些过了旺季也基本买不到了。日本不出产的时候，也可以选择从海外进口。

通过将长期保存和产地接力的社会机制进行整合，人们可以十分有效地控制食品生产中的农作物栽培时间对"饮食"的影响。同时需要强调一下，正是长期储存及物流技术的发展，才使这种机制的运行成为可能。

需要强调的是，稳定且充足的食品生产是这些机制高效运行的大前提。

● 基因组编辑的可能性

极端天气、病虫害、气候变化等的影响妨碍着食品生产的稳定性，而且无法避免。要想尽可能地控制这些影响，开发新的生产技术、配备和保养灌溉设备与公共建设是十分重要的。

其中的"有效利用基因工程的品种改良"是我们在此重点关注的对象。作为近年来最受争议的技术之一，有关争论处处可见。

其实，品种改良作为改善农作物的生产效率（产量、对病虫害的抵抗能力等）和品质（是否美味、营养价值等）的一种方法，自古以来就在使用。在传统的品种改良中，或利用自然发生基因突变的品种，或通过人工干预使通常不授粉的品种互相授粉，从而得到了想要的性状。我们平时所吃的大部分农作物都是进行过某种改良的。例如越光水稻、富士苹果、圣女果、夕张蜜瓜、阳光玫瑰葡萄等常见食物均是如此。

那么，为什么不使用这种传统的品种改良方式，而需要利用基因工程进行品种改良呢？

因为利用基因工程可以大幅缩减新品种的开发时间及开发成本。传统研究开发的速度已然完全无法应对迫在眉睫的人口增长和气候变化问题。

近年来，"基因组编辑"技术颇受关注。2012年，可简单快捷、高精度地更改与编辑基因的CRISPR/Cas9技术被开发和迅速推广开来。开发RISPR/Cas9技术的两位研究学者［（埃玛纽埃勒·沙尔庞捷（Emmanuelle Charpentier）与珍妮弗·安妮·杜德纳（Jennifer A. Doudna）］于2020年被授予了诺贝尔化学奖。

提到利用基因工程进行品种改良，许多人可能会先想到"转基因生物"。我想强调的是，"基因组编辑"与"转基因"是完全不同的两种技术。表 9-1 阐述了两者之间的主要区别。

表 9-1 "基因组编辑"农作物与"转基因"农作物的区别

比较项目	"基因组编辑"农作物（只改变农作物的一部分基因）	"转基因"农作物（可以利用其他生物的基因）
与传统的品种改良相比	同样具备科学性	可以做出传统品种改良方法做不出的东西
食用时有无外来基因	无	有

资料来源：由作者根据 https://bio-sta.jp/faq/ 中的表格进行编辑。

首先，"转基因"技术是一种通过置入其他生物的基因（外源基因）获得目标性状的技术。例如昆虫病原细菌中的苏云金杆菌（Bacillus thuringiensis，Bt）。将它的基因导入玉米基因开发出的 Bt 玉米非常有名，Bt 玉米具有很强的抗虫性。因为飞蛾（尤其是螟蛾）的幼虫等吃了 Bt 玉米之后，会被昆虫病原细菌 Bt 蛋白质致死。但 Bt 蛋白质对人和家畜是无害的，因为人和家畜的胃酸可以将它分解掉。尽管如此，有些人一听说含有昆虫病原细菌的基因，都尽量不吃。这种心情是可以理解的。

其次，"基因组编辑"是一种通过改变农作物自身的一部分基因获得目标性状的技术。不是向农作物置入其他生物的基因，而是使农作物本身的基因发生突变。例如，利用"基因组编辑"技术可以开发出耐旱玉米、能抵御除草剂和盐害的大米，以及含大量健康油酸的大豆和油菜等。

依靠传统方法找出具备目标性状的个体是具有极大偶然性的，不实际栽培的话，甚至无法确认是否导入了目标基因。所以，开发新品种花费了大量的时间和成本。相比之下，利用"基因组编辑"技术可以在短时间内精准改良品种，而且和传统改良方法一样达到了科学地改良农作物的效果。

全世界首个投入使用的基因组编辑农作物是美国的高油酸大豆。油酸对健康有益，从这种大豆中提取的高油酸油自2019年开始在美国市场上流通。

目前已投入使用的不止高油酸大豆，还有其他各种基因组编辑农作物都正在开发中。美国正在开发黏性淀粉含量高的玉米，作为工业原料使用。并于2020年开始由农户进行栽培。还有不易变色的蘑菇，抗病性强的高膳食纤维小麦等也都在开发之中。

日本正在研究开发的基因组编辑农作物有富含伽马氨基丁酸（GABA）（有降压效果）的番茄，芽中的天然毒素大大减少了的土豆，抗病虫害、干旱且产量高的水稻，增加了可食肌肉部分的真鲷鱼，不用不停地游也很容易存活的金枪鱼等。

除了技术不同，"基因组编辑"与"转基因"的法律规则也有差异。由于转基因农作物在食时仍残留有外源基因，而且是利用自然界中不可能发生的变异技术栽培的，所以社会上仍存在较强的反感情绪，许多国家都对其生产和流通进行了规定。日本也有一系列严格的规定，如守护生物多样性的《卡塔赫纳法》《食品安全基本法》《食品卫生法》《饲料安全法》等。

而基因组编辑农作物在食用时没有残留的外源基因，是利用自然界中有可能发生的变异技术栽培的，所以其安全性与传统技术改良的农作物是一样的。因此，并不是日本《食品卫生法》管理的对象，也不需要接受针对转基因农作物的安全性审查。如果满足一定的条件（没有残留的细胞外核酸），也不属于《卡塔赫纳法》的管理对象。

进行品种改良使用"基因组编辑"技术在接下来即将介绍的措施中也发挥了重要作用，是抵御地球环境和人类社会的急剧变化所不可或缺的技术。因此，需要在理解它与"转基因"的区别之后，再对"基因组编辑"的社会价值做出冷静的评价。

● **用植物和细胞制作肉类**

除了气候变化，全球肉类消费量的增加和与之相伴的温室气体排放量增加与环境污染日益严重也是对全球影响较大且无法回避的问题。当然，这个问题的最佳对策是减少人们的食肉量。但在今后的短短数十年间，要想迅速改变全世界人民的行为几乎是不可能的。

那么，采取对环境压力更小的方法制作肉类（人造肉）就可以了，相关技术也备受关注。也可以说此技术向"肉食生产对环境压力较大"的自然法则发出了挑战。利用此技术用植物做成的"素肉"和从细胞中提取出的"人造肉"受到了人们的关注。微软公司创始人比尔·盖茨和理查德·布兰森等也积极地投资了这些技术的开发。

素肉已经商品化，且市场在迅速扩大。美国数据科学公司的零售数据显示，美国的素肉市场销售额从 2018 年的约 8 亿美元骤增至 2020 年的约 14 亿美元。2020 年时，已经占据了整个肉食市场的 1.4%。

著名商品有植物基牛肉饼、不可能食品（Impossible Foods）公司的"Impossible Burger 2.0"素食汉堡、别样肉客（Beyond Meat）公司的"Beyond Burger"素食汉堡等。另外还有晨星农场（Morning Star Farms）公司的植物基猪肉香肠和鸡肉饼、皆食得（Eat Just）公司的植物蛋等，也都在市场上广泛流通。

关键是，用素肉代替传统肉食能减轻多少环境压力呢？

好食品研究所是一家推广素肉和人造肉的国际非营利性组织。根据好食品研究所的推测，"Impossible Burger 2.0"素食汉堡将比使用传统牛肉的汉堡节约 96% 的土地，减少 89% 的温室气体排放量以及 87% 的用水量[1]。

---

[1] 此部分内容参考了 GFI 的研究（2021）。

用大豆制作素肉的问题之一是大豆的气味。在制作素肉时，因为这种独特的气味，不容易加工出肉味和肉香。因此，通过用"基因组编辑"技术改良品种，开发出了最适合制作素肉的气味小的大豆。

目前，素肉只能做成像肉饼那样的碎肉，很难做成像牛排那样的整块肉。所以，接下来要介绍的人造肉技术也是很有必要的。

所谓人造肉，是指在动物体外直接给细胞注入营养而制造出的肉。如果按照传统方法饲养家畜，那些不能食用的部分（骨头、内脏等）和其他生命活动也都吸取了营养。而人造肉是将营养全部用于肉的"成长"，避免了浪费，效率也很高。例如，通常生产鸡肉需要6~7周，而同等量的人造肉只需要6天便可"长成"。

而且，因为是在密闭容器内培养，既不会生病也不会被污染，更不需要预防生病的抗生素。也就是说，可以实现与不依赖于药物的有机畜产品同等的安全性。

但实际操作时，会有一些成本方面的问题，人造肉的实际应用尚在初始阶段。2020年12月，新加坡政府成为世界上第一个承认销售人造肉的政府。用美国皆食得公司开发的人造鸡肉制作的人造鸡块也出现在餐厅中。

另外，美国的上等食品（Upside Foods）公司（原名孟菲斯肉食，Memphis Meat）、以色列的未来肉食科技（Future Meat Technologies）公司等也非常有名。新加坡的约客肉食

（Shiok Meats）公司正在研究生产其他品种（虾等甲壳类）的人造肉。

那么，如果用人造肉代替传统肉类，能减轻多少环境压力呢？

根据荷兰的环境咨询公司 CE Delft 的报告，生产人造肉的前提条件是使用可再生能源，预计生产人造鸡肉可比生产传统鸡肉减少 17% 的温室气体排放量和 63% 的必要土地面积。同样地，预计生产人造猪肉和人造牛肉也可比生产传统的猪肉和牛肉分别减少 52% 和 92% 的温室气体排放量，以及 72% 和 95% 的必要土地面积。

从这些数据来看，如果可以将全部肉食都替换成人造肉，生产食品所需的耕地面积可以从现在的约 40 亿 ha 减少为约 10 亿 ha，将无须为了提高食品和饲料的产量而扩大耕地面积和砍伐森林。而且，在集约化畜牧养殖中乱用抗生素的问题，禽流感等传染病导致的大量宰杀问题也将得到解决。

然而，我们不可能期待发生这么极端的变化。预计到 2050 年，肉食消费量将增长一倍。哪怕只将增加的部分替换成素肉或人造肉，也有可能大幅减轻食肉对自然环境的压力。

---

[1] 此部分内容参考了 CE Delft 的研究（2021）。

● 昆虫食品的选项

你最近是不是经常在新闻和杂志里看到昆虫食品的话题？当然，综艺节目中的惩罚游戏除外。

这是因为，大家对联合国可持续发展目标的关注度越来越高。而昆虫食品作为一种未来食品，可以养活急速增长的世界人口；同时作为一种可替代肉类的环保蛋白质来源，正受到全世界的关注。

许多人对于"吃虫子"一开始是拒绝的，请再容我再稍微说两句。我想提前强调两点。

第一，人类吃昆虫，并不是直接吃昆虫本身；第二，人不一定非要吃昆虫。

为什么这么说呢？我们一步一步地慢慢分析。

从历史上看，人类吃昆虫并非新鲜事。日本的长野县和岐阜县等一部分地区也食用蜂蛹、蝗虫和蚕等。亚洲的泰国、老挝、柬埔寨等国以昆虫为日常食物，早已为人熟知。去这些国家旅游过的人一定看到过那些很自然地卖着昆虫料理的街边小店吧。

调查世界昆虫食品的一项研究显示[1]，目前全世界约有140个国家的2100种昆虫被当作食物食用。最常食用的是独角仙等甲虫，有650种以上的甲虫被食用。另外，芋虫（蝶和蛾

---

[1] 此部分内容参考了Jongema的研究（2017）。

的幼虫)、蚁类(包括蜜蜂等)、蝗虫类(包括蟋蟀等)、蝉类(包括椿象等)等也较常被食用。全世界 92% 的可食用昆虫取材于野生昆虫,6% 为半家养,2% 为养殖昆虫。

最新流行趋势是"食用昆虫的养殖"和"昆虫在家畜饲料方面的应用"。因为昆虫食品的优势有以下三点。

①食用昆虫易养殖;

②生产昆虫食品对自然环境的压力小;

③昆虫食品中蛋白质等的营养价值高。

第一点,食用昆虫易养殖,食用昆虫的繁殖能力强、饲料效率高、成长速度快。这些在养殖方面都是极大的优势。比如,种水稻通常一年收获一次,最多也只有一年两次。而养殖蟋蟀从卵到成虫仅需 45 天,一年出货 8 次也不是没有可能的。而且,养殖昆虫只要有 1.6m² 左右的空间,初期投资只要 1 万日元左右就够了。即使没有耕地的农民和城市居民也可以将养殖昆虫作为副业去做,这也是一个优点。

第二点,生产昆虫食品对自然环境的压力小。表 9-2 对传统肉类的生产情况与大黄粉虫幼体进行了对比。每生产 1 kg 活体或蛋白质对自然环境产生的影响如表中所示。每 100 g 活体中的蛋白质含量因昆虫部位而异,但大体上来讲,每 100 g 牛中的蛋白质含量为 15 g,每 100 g 鸡中的蛋白质含量为 18 g,而每 100 g 大黄粉虫幼体的蛋白质含量约为 70 g。

表 9-2 中的饲料需求量是指每多生产 1 kg 活体需要多少千克饲料。另外,"全球变暖潜能"(Global Warming Potential,

GWP），表示的是以二氧化碳（CO_2）为标准，每生产 1 kg 蛋白质所排出的温室气体使地球变暖的能力。比如，蛋白质含量为 1 kg 的牛肉，在生产过程中排放的温室气体使地球变暖的能力是向空气中排放 1 kg 二氧化碳时的 88 倍。这个数据越低，对环境的压力就越小。

表 9-2 饲料需求量、所需水量、全球变暖潜能、所需土地面积及可食部分的比较

类型	饲料需求量（kg）	生产 1 kg 蛋白质所需水量（10^3L）	每生产 1 kg 蛋白质使全球变暖能力（按 CO_2 换算）	生产 1 kg 蛋白质所需土地面积（m^2）	可食部分占比（%）
牛	25	112	88	201	40
猪	9.1	57	27	55	55
鸡	4.5	34	19	47	55
昆虫	2.1	23	14	18	80

资料来源：以上表格由作者根据联合国粮食及农业组织（2021）的数据制作而成。
注：表格里的昆虫指的是大黄粉虫幼体。

表 9-2 的最后一列是对可食部分占比。这个数据与上面的数据是相反的。可食部分的比例越大，其生产过程对环境的压力就越小。因为生产同等量的食品所需的资源量少，产生的食品废弃物也就少了。

比如，即使多给牛 25 kg 饲料，体重多增加 1 kg，可食用

部分也不过增加 400 g。但如果是昆虫，投喂大约 2.1 kg 饲料可以使其总质量增加 1 kg 的话，可食用部分便可增加 800 g。

从表 9-2 可以看出，生产牛肉对环境的压力非常大。相比之下，生产昆虫食品对环境的压力只有牛肉的十分之一至五分之一。即使与生产猪肉、鸡肉相比，生产昆虫食品对环境的压力也小了许多。从这些数据可以看出，昆虫食品和素肉、人造肉在减轻环境压力方面的效果是基本一致的。

另外，蟋蟀等杂食性昆虫什么都吃，可以用食品制造厂和餐饮店丢弃的食品当作它们的饲料，也有助于减少食品浪费。

第三点，昆虫食品中蛋白质等的营养价值高。一份调查了 236 种食用昆虫营养成分的研究[1] 结果显示，除了蛋白质，食用昆虫还含有丰富的食物纤维、有益健康的脂肪酸、铁和锌等微量元素。比如，每 100 g 蟋蟀里的蛋白质、铁、锌含量在所有食品里都相对较高。而且，与其他昆虫相比，蟋蟀所含的蛋白质质量更高，更易于人体消化和吸收[2]。最近，使用"基因组编辑"技术的功能性更强的昆虫食品正在研究和开发之中。

即使这样，我还是不愿意吃虫子。即使蟋蟀营养丰富又美味，但如果要我直接吃掉它，还是能免则免。但是，冷静下来想想，其实也没什么。虽说是吃昆虫，但完全不必直接吃掉。

比如，可以将它们研成粉末，与其他食品混合在一起食

---

[1] 此部分内容参考了 Rumpold 和 Sculuter 的研究（2013）。
[2] 此部分内容参考了 Inje 等的研究（2018）。

用。因为研成粉末后营养不会流失。像这种含昆虫粉末的食品，人们更容易接受。

昆虫不仅可以食用，作为家畜饲料也开始被重视起来。也就是说，人们直接吃的还是肉类，但可以给家畜喂食昆虫食品。将大豆饲料替换成昆虫可以节约栽培大豆所需的耕地和水，还可以大幅减少生产肉类对环境造成的压力。这样，人们不是直接吃昆虫，所以应该不会太排斥吧。

这种措施对于地理条件不适合种植土豆，需要大量进口饲料的国家来讲是很有吸引力的。日本和非洲各国也属于这种国家。在非洲，国产昆虫饲料比传统的大豆、鱼粉饲料的生产成本更低，因此，昆虫饲料的生产开始扩大了。

比如，为改善非洲的贫困问题及缺粮问题，肯尼亚的国际研究机构——国际昆虫生理生态学中心（The International Centre of Insect Physiology and Ecology，ICIPE）正在研究和开发昆虫食品。而且，研究表明，光亮扁角水虻的幼虫比鱼类和其他昆虫的蛋白质含量还高。

因此，非洲的多家企业开始用食品废弃物做饵料，养殖光亮扁角水虻，然后再以光亮扁角水虻为原料生产家畜（主要是鸡）饲料。减少食品损失的同时，家畜饲料也变得便宜了，而且十分环保，可谓万全之策。

肯尼亚有三家大型的昆虫饲料生产企业非常有名。分别是卫生能源公司（Sanergy）、因赛迪普诺公司（Insectipro）、艾克嘟嘟公司（Ecodudu）。这三个公司合计可生产年均 50 亿 t

以上的昆虫饲料。另外还有乌干达的普罗提因公司（ProTeen）和坦桑尼亚的比欧布公司（Biobuu）。ICIPE还推进了一些其他项目，如加入了蟋蟀粉末的幼儿粥，从蝗虫类昆虫中提取的壳聚糖（一种膳食纤维）和功能性食用油等。

还有肯尼亚的巴古·皮库恰公司（The Bug Picture），这家公司不生产昆虫食品，而是专门研究昆虫方面的一些有趣对策，所以也介绍一下。

你听说过2020年的蝗灾吗？非洲东部的几千亿只蝗虫飞到印度和巴基斯坦，给所经过地区的农业生产造成了毁灭性的打击。因为这场灾害是由蝗虫引起的，所以被称为"蝗灾"。当时的日本新闻也着重报道了此事。

巴古·皮库恰公司捕捉了引起"蝗灾"的蝗虫，将其加工成了有机肥料。2021年，该公司开始采取措施，对农民们说，"如果你们捉住了蝗虫，我司将会以每千克50肯尼亚先令的价格收购过来"。于是，公司在18天内便收集了1.3t蝗虫，并将其制作成有机肥料。可以说只有遭受蝗灾的国家才有机会采取这样的措施。

最后来聊一聊未来昆虫食品的课题。这有可能不被社会所接受。对于"饮食"方，可以采取一定的办法不让他们看见虫子，则还有接受的可能性。但"食品生产"方却不得不直面大量蠕动的虫子。

因此，当开发了"蟋蟀煎饼"的研究团队想扩大生产规模时，在日本国内却找不到可以生产蟋蟀食品的人，这就是一个瓶颈。目前正在讨论的替代方案是在亚洲东南部生产和加工食用蟋蟀，然后再进口到日本。

另一个令人特别担心的问题是安全性。养殖昆虫可以说要比野生昆虫安全得多。但和畜牧业一样，也可能会有昆虫生病以及抗生素、化学治疗剂残留等问题。而且包括日本在内的许多国家，其有关生产和流通食用昆虫方面的法律和社会机制都尚未健全。今后在拓展食用昆虫市场时，很可能会出现新的问题（规定等），这也是在拓展贸易方面令人担心的。

第十章
立足于食品市场的局限性

如第五章和第六章所述,只靠食品市场不能解决所有问题。也就是说,食品市场的机制中存在局限性。

在本章中,我们将探讨和分享为弥补这种局限性而进行的一些探索和试错经验。这里所说的探索和试错是指有目的地通过市场推动"饮食"方和"食品生产"方,使他们做出更佳选择的措施。

首先,我们关注下通过食品价格、食品获取渠道、食品标签促使"饮食"方做出选择的一些方法。对"饮食"方发生作用的时机是"购买(选择)"和"食用"食品时,而通过市场发挥作用主要是在"购买"时。在营养不良与肥胖问题、肉食与环境问题等方面,"饮食"方的选择非常重要。

其次,我们关注下促使"食品生产"方做出选择的方法,即排污权交易制度和食品市场的数字化转型。对"食品生产"方发生作用的时机主要是选择生产方法时。在食品生产对环境的压力,食品的安全性,食品伪装,食品损失等问题上,"食品生产"方的选择十分重要。

那么，我们先从对"饮食"方的推动作用开始，依次进行分析。

● 相对价格是关键

食品价格政策是自古便有的促使"饮食"方做出选择的一种方法。比如，通过增加特定食品的税收，提高价格，使销售量减少；或者通过发放补贴，降低价格，使销售量增加。使食品价格政策发挥成效的关键是"相对价格"。

第六章中讲过，发达国家的人们食肉过量，而非洲人们的食肉量却少得多。为什么呢？许多人会想当然地说，因为"太穷，买不起肉"。话虽没错，但也没这么简单。关键不在于价格本身，而在于和其他食品比较的价格，即"相对价格"。

接下来，我将举例进行说明。但需要注意一点，在计算相对价格时，为了将不同种类的食品价格直接进行比较，我们统一使用"1 kcal 的价格"。如果使用常用的"每单位质量的价格"，每克不同种类的食品所含的营养成分会有较大差异。

我们用 1 kcal 的价格来分析下面的例子。

假设日本 1 kcal 主食（大米、面包等）价格为 1 日元，1 kcal 肉类的价格为 8 日元。而美国 1 kcal 主食价格为 1.5 日元，1 kcal 肉类的价格为 9 日元。那么，美国的肉价比日本高。另一方面，从肉类与主食的"相对价格"来看，日本的肉类价格是主食的 8 倍，美国的肉类价格是主食的 6 倍，所以美国的

"肉类相对价格"比较便宜。

肉类的相对价格是解释食肉量的关键。比如上面的例子，单纯从金额上来看，美国肉类价格比日本高，但相对价格却比日本低，所以美国人的食肉量很可能比日本大。

再来看看全球食品的相对价格。给大家介绍一个在我认知范围内最全面的推算世界食品相对价格的研究成果[①]。此项研究将176个国家的657种食品分为21组，推算出每组的相对价格，即"1 kcal该食品的价格是主食价格的几倍"。表10-1按照全球与四大地区的分类，重点分析了主要肉类与蔬菜的相对价格。

表10-1 世界及四大地区肉食、蔬菜与主食的相对价格

1 kcal 的相对价格	世界	欧洲	北美&澳大拉西亚	东亚（除中国）	非洲（西部和中央）
红肉（牛羊肉等）	11.5	7.8	5.9	7.9	22.1
白肉（鸡鸭肉等）	5.4	4.1	1.9	6.2	9.4
绿叶菜（菠菜、小油菜等）	16.1	26.1	12.2	26.8	11.9
其他蔬菜	4.7	4.3	3.4	10.1	7.8

资料来源：以上图表由作者根据Heady和Alderman的研究（2019）的结论制作而成。

注：假设谷物、薯类主食（小麦、大米、玉米、土豆、山药）的价格为1.0。

---

① 此部分内容参考了Heady和Alderman的研究（2019）。

需要注意的是，北美和澳大拉西亚（澳大利亚等国家）的红肉和白肉的相对价格最低，非洲最高。两个地区的红肉价格相差了3倍左右，白肉价格相差了约5倍。例如，在北美和澳大拉西亚，红肉的相对价格是主食的5.9倍，非洲则是22.1倍。结果表明，北美和澳大拉西亚的食肉量最多，非洲最少。

绿叶菜和其他蔬菜的相对价格并无太大的地区差异。在除非洲以外的地区，绿叶菜的相对价格最高，而在非洲却是红肉的相对价格最高。

也就是说，与主食和蔬菜相比，非洲的肉类相当贵，很少有人吃。如果非洲肉类的相对价格和北美一样低，即使收入水平和金额不变，估计肉类的消费量也会比目前有所增加。

● 改善环境比改善健康更有效

也就是说，食品价格政策的目标是通过改善食品的"相对价格"，改变人们购买食品的模式。但令人烦恼的是，这种变化可能与期待中的不一样。

比如，肥胖对策最重要的任务是通过操控特定食品的价格，引导人们过上更加健康的饮食生活。

有两个世界闻名的例子，分别是丹麦引进的脂肪税与美国引进的苏打税。两者都是作为肥胖对策引进的，这些税收使被课税食品的消费量大大减少，可谓影响巨大。但对非课税食品的消费量也产生了影响。所以从整体效果上来看不太成功。

为什么这么说呢？我们再详细分析一下。2011年10月，丹麦政府开始对饱和脂肪酸含量在2.3%以上的食物（比如黄油、牛奶、奶酪、肉类等）课税。1 kg饱和脂肪酸课税16丹麦克朗。再加上25%的增值税，对消费者来讲，实际上是增加了20丹麦克朗的税收。此项税收的引进导致黄油价格上涨了20%左右，可以说涨价幅度相当大了。

然而，丹麦脂肪税于2013年1月1日被废除了。因为它导致其他商品的价格也开始上涨。比如，黄油和人造奶油因脂肪税而涨价后，植物油的需求相应增加了，也涨到了同样的价格。这意味着食品价格的整体上涨，同时也意味着课税食品的"相对价格"不会上涨。也就是说，虽然人们的经济负担加重了，但是健康改善的效果没有达到。评价丹麦脂肪税效果的一个研究[1]总结道："引进脂肪税之后，饱和脂肪酸的摄入量只减少了4%，而食盐的摄入量却增加了。"从整体来看，健康改善的效果是微乎其微的。

再来看另外一个例子。2015年，位于美国加利福尼亚州的伯克利对所有含甜味剂的饮料征收了"苏打税"。每盎司饮料课税1美分。日本最常见的350 mL罐装果汁的质量大约为12盎司，相当于每罐上涨了12美分（约12%）。

之后，费城、圣弗朗西斯科、西雅图等九个城市也引进

---

[1] 此部分内容参考了Smed等的研究（2016）。

了同样的苏打税。除美国以外的许多国家（约 30 个）也相继引进。一方面是为了解决肥胖问题，另一方面，也有些国家的首要目的是增加税收。

伯克利征收苏打税后，有报告称[1]，课税的碳酸饮料和运动饮料的销售额下降了 9.6%，非课税的水、茶和蔬菜汁等的销售额增加了 3.4%。从全市来看，对饮料的购买模式影响不小。也有报告称[2]，在引进苏打税 3~4 年后，也就是 2019 年，伯克利和费城的课税饮料销售额比引进苏打税之前减少了 46%~53%。

还有研究[3]结果显示，受苏打税的影响而减少了苏打饮料消费的是本来就不怎么喝苏打饮料的人，习惯喝苏打饮料的人几乎都没有受到影响。也就是说，健康的人变得更加健康了，而对真正需要改善饮食生活的人来讲，效果却甚微。而且，有资料指出[4]，经常看见费城的居民到不征收苏打税的邻镇去买苏打饮料，说明苏打税的实际效果更差（−20% 左右）。

再者，伯克利和圣弗朗西斯科在美国属于非常特殊的城市，注重健康的人很多。苏打税尽管在这些地区有效果，但是，能适合其他地区吗？我感到深深的疑惑。

---

[1] 此部分内容参考了 Silver 等的研究（2017）。
[2] 此部分内容参考了 NPR 的研究（2019）。
[3] 此部分内容参考了 Debnam 的研究（2017）。
[4] 此部分内容参考了 NPR 的研究（2019）。

另外，如果从"饮食"对健康的影响和"食品生产"对环境的压力两方面综合考虑的话，对食品价格政策效果的看法就不一样了。因为即使课税食品的减少导致其他类似食品增加了，还是有可能减少环境压力的。

例如在第六章提到过的肉类税。根据生产对环境压力的大小，欧洲正在讨论将牛肉的课税额调到最大，其次是猪肉和鸡肉。这样一来，预计牛肉的消费量将大幅减少，其中一部分将会被猪肉和鸡肉取代。而且，生产猪肉和鸡肉比生产牛肉对环境的压力小，即使食肉总量不减少，生产这些肉类对环境的压力也会大幅减小。

● 是获取还是需要？

也有不少人认为，从物理上限制或改善食品获取渠道比食品价格政策等不彻底的做法更加有效。

有些国家尝试在步行范围内没有生鲜食品商店的"食品荒漠"地区新设一些蔬菜、水果商店，以增加购买人数。也有些国家尝试将垃圾食品和含甜味剂的饮料从政府的食品援助项目和校园内去除掉，以减少购买人数。

但在实施这些措施时，有可能"对因果关系产生误解"，这点需要谨记。

比如在食品荒漠售卖蔬菜和水果的尝试。正因为"那个地区的人们想买蔬菜和水果，但苦于附近没有商店售卖"，这个尝试才变得有意义。但如果是因为"那个地区买蔬菜和水果的人少,所以没有商店售卖",即使附近有商店售卖,买的人应该也不会增加。垃圾食品也是一样,如果不是"因为附近有所以才买",而是"因为想要所以才买"的话,即使有些地区禁止了垃圾食品,人们也还是会从网上或者其他地方购买。

美国费城的低收入地区曾经进行了一场大规模的社会实践[①]。有630个当地的小商店参加了此次实践,从中随机挑选了192个商店,并在店里销售蔬菜、水果、低脂奶、全麦食物等健康食品,持续一年的时间。然后,查看"销售健康食品的商店"和"不销售健康食品的商店"的销售记录,比较了人们每次所购买商品的营养成分。结果显示,人们从两组商店购买的食物中的营养成分量几乎没有差别。也就是说,即使改善了获取健康食品的渠道,其购买量也没有明显增加。

另外一项类似的研究[②]则重点关注费城的低收入地区,调查了建造新超市会对附近居民的饮食生活以及体型产生什么样的影响。结果显示,建造超市增加了人们获取蔬菜、水果等生鲜食品的渠道,但附近居民的蔬菜、水果消费量及肥胖程度(更准确地讲,是指 BMI 体重指数)并无太大变化。

那么,禁止销售垃圾食品的方法可取吗?

[①] 此部分内容参考了 Lawman 等的研究(2015)。
[②] 此部分内容参考了 Cummins 等的研究(2014)。

有一项研究[1]，将美国的40个州分为"禁止在中学销售含甜味剂饮料的州"和"允许在中学销售含甜味剂饮料的州"，并对两组内中学生们购买含甜味剂饮料的模式进行了比较。结果显示，禁止措施确实使校内含甜味剂饮料的购买量下降了7%，但校外购买量却增加了。整体消费量并无太大变化。

从人性角度分析，中学生们之所以这么做，是因为受到了"心理抗拒"的影响。所谓"心理抗拒"，是指自己的选择自由受到外界限制时，渴望恢复自由的强烈反感情绪。有观点指出[2]，人们对于食品价格的变化（不管变化原因是什么）的反应比较冷静，但因为政策而被限制购买渠道或购买行为时，可能会产生比较感性的反应。

也就是说，如果明显地限制购买渠道或购买行为，"心理抗拒"的作用就会变强，虽然花费了很大力气去限制，但却很有可能达不到期待中的效果。就像食品价格政策一样，在为人们保留选择余地的前提下发挥推动作用，无论成本效率如何，都应该是成功的。

● ## 给食品标签划重点

只要是买过食品的人，就一定看到过食品标签。接下来

---

[1] 此部分内容参考了 Taber 等的研究（2012）。
[2] 此部分内容参考了 Just 和 Hanks 的研究（2015）。

我们就说说食品标签。食品标签作为推动"饮食"一个因素，和食品价格政策承担着同等重要的责任。

光是常见食品的标签就有营养成分表、原产地、有机标识、海洋环保标识、特保食品标识、功能性标识等。尤其是营养成分表，已在大约 60 个国家成为硬性规定，是全球普及最广的食品标签。日本也从 2020 年 4 月开始，实行了新的食品标识制度，强制规定加工食品必须有营养成分表。

那么，食品标签发挥着怎样的作用？为何如此重要呢？

它为消费者挑选商品提供了参考信息。食品的安全性与品质等仅从外观是看不出来的，食品标签可以帮助消费者正确理解这些问题，目的在于让消费者和社会都能选到自己最期待的食品。

这种作用对改善"食品市场的失败"十分重要（请参考第六章）。首先，将只有生产者才掌握的信息提供给消费者，可以改善"信息的不对称性"。其次，通过传播食品对健康和自然环境的影响，有希望减轻"饮食"与"食品生产"中的"负外部性"。最后，选择什么食品最终要靠消费者自己决定，不限制消费者的选择也很重要。

许多人怀疑"食品标签是否真有这种效果"。有的研究证明了食品标签有效，也有的研究证明了效果微乎其微，坦率地说，目前效果尚不十分明确。

证明了效果微乎其微的研究认为原因有三：①根本就没看标签，②没有理解标签内容，③理解了标签内容但没有改变

挑战未来 第三部分 | 163
——为优化"饮食"而不断探索和试错

行为。

改善这些问题的方法便是"给食品标签划重点"。具体来讲，就是在标签的内容和设计上下功夫，使之更加有效。想要在这一点上进一步深入挖掘，就再注意一下营养成分表！许多国家都强制规定商品包装上必须有营养成分表，在实际包装上的营养成分表可谓多种多样。探讨更加有效的设计的各项研究也正在进行中。

在具体分析之前，我想先看看设计差异有多大。

图 10-1 所示为用两种不同的设计表示了同一食品的营养成分。设计方案 1 是在日本常见的设计（内容不同），位于包装的反面。设计方案 2 位于包装的正面，被认为是更有效的设计。

营养成分（每60 g）

热量	350 kcal
糖类	0.2 g
类脂物	20.5 g
饱和脂肪酸	10.8 g
盐分	0.5 g

营养成分（每60 g）

中	低	中	高	中
热量 350 kcal	糖类 0.2 g	类脂物 20.5 g	饱和脂肪酸 10.8 g	盐分 0.5 g
18%	1%	37%	54%	33%

成人日均需求量

（a）设计方案 1（位于包装反面）　（b）设计方案 2（位于包装正面）

图 10-1　营养成分标签的设计比

注：设计方案 2 中的"低"用绿色，"中"用橙色，"高"用红色表示。
资料来源：作者制作。

只要看一眼图 10-1 所示的营养成分表，就能明白差异很大。这种差异是为了解决前述三个食品标签问题而经过改善的结果。

第一，针对"没看标签"的问题，可以将营养成分表设计在包装的正面。即 Front of Pack（FOP）标签。营养成分表大多位于包装的反面，所以，想看营养成分时需要拿起商品，反转过来看，比较麻烦。如果营养成分表在正面，就不需要那么麻烦，大家会去看的概率就变大了。

英国有一项验证 FOP 标签效果的研究[1]。2006 年，英国政府建议只在私人品牌汉堡和比萨等加工食品上使用 FOP 标签。而且，对每个家庭从"引进 FOP 标签的超市"和"其他超市"中的食品采购量和营养成分量进行了比较。结果显示，因为引进了 FOP 标签，加工食品的采购量减少了 9%~14%，所采购食品的营养成分也改善了。更具体地讲，月均热量减少了 588 kcal，饱和脂肪酸减少了 13.7 g，糖类减少了 6.9 g，盐分减少了 0.8 mg。没有 FOP 标签的食品的采购量没有明显变化。

第二，针对"没有理解标签内容"的问题，采取了简化标签（更加易懂）方法。比如英国设计的"红绿灯法"。图 10-1 是黑白色的，不太容易理解。所以如果数据"高"，就用红色表示，"中"就用黄色表示，"低"就用绿色表示。将有可能危害健康的营养成分标识为红色，起到了警示作用，没有问题的

---

[1] 此部分内容参考了 Fichera 和 Hinke 的研究（2020）。

营养成分则标识为绿色。

还有一个尝试是每日所需营养摄入量参考（Guideline Daily Amounts，GDA）的表示。如图 10-1 所示，食品热量为 350 kcal 时，并非简单地表示为 350 kcal，而需要同时写明这 350 kcal 是一日所需热量的约 18%。

我在香港做的一个实验[①]分析了热量表示方法对点心采购模式的影响。研究表明，热量表示的效果会因"每日所需热量"的大小而不同。比如，一个人明白自己每日所需的合理热量为 2000 kcal，当他看到一袋薯片的热量是 350 kcal 时，觉得有些出乎意料地高，就想减少购买量。如果一个人高估了自己所需的热量，认为每日需要 10000 kcal，那么当他看到一袋薯片的热量是 350 kcal 时，他就会觉得出乎意料地低，就想增加采购量。这就启发了我们，为消除这种反效果，需要将 GDA 等标识出来，并讲清楚数值代表的含义。

在另外一项研究[②]中，为比较不同方式的 FOP 标签效果，在法国的超市里进行了随机对照试验。图 10-2 汇总了此项研究中所采用的四种比较方式："简略化方式""营养等级标签方式""营养标准方式"和"复合信号方式"。

---

① 此部分内容参考了 Shimokawa 的研究（2016）。
② 此部分内容参考了 Dubois 等的研究（2021）。

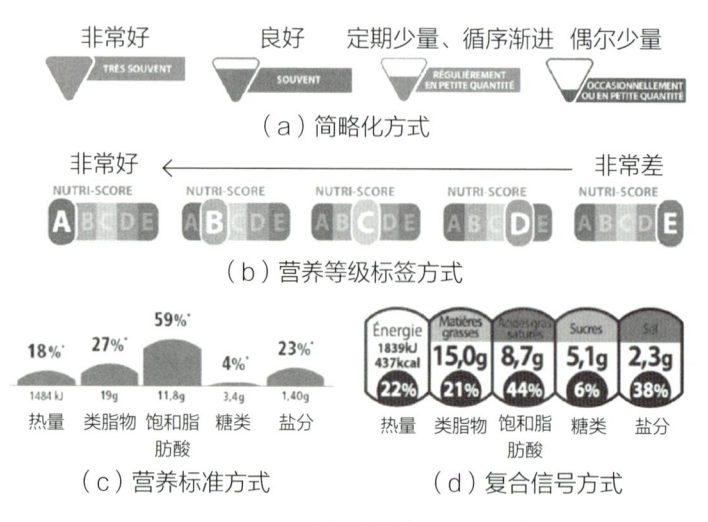

图 10-2　FOP 营养成分表示的四种方式

资料来源：以上图表由作者根据 Dubois 等的研究（2021）中的图表制作而成。

"简略化方式"将食品的所有营养成分分为四个阶段进行评价。"营养等级标签方式"关注的是食品中有益健康的成分和有害成分的量，分 A~E 五个阶段进行评价；"营养标准方式"是将热量、类脂物、饱和脂肪酸、糖类、盐分的 GDA 用柱状图表示；"复合信号方式"是将"营养标准方式"和"信号方式"组合了起来。图 10-1（b）设计方案 2 就是这种方式。

这个试验为期三个月，随机选取了法国的 40 个超市，将每十个超市编为一组，共分四组，分别在各组引进了不同方式的 FOP 标签。并将这四组的销售记录与未导入 FOP 标签的 20 家超市进行比较，检验了各种方式的效果。

效果最显著的是"营养等级标签方式",其次是"复合信号方式"。这两种方式使健康食品的购买量分别增加了14%和8%。而"简略化方式"和"营养标准方式"在改善饮食生活方面并无效果。

"营养等级标签方式"比"复合信号方式"更有效,也许可以说明标签越简单越好。但"复合信号方式"却比"简略化方式"有效。因此,光简单不能说明问题,还需要进一步深入研究。

第三,关于"理解了标签内容但没有改变行为"的问题,光靠食品标签是不能改善的。还需设法对"饮食"方面的具体情况进行具体分析。相关措施我们将在第十一章中进行说明。

近年来颇受关注的还有绿色食品标签。比如,有机食品标签、海洋环保标签等。而且,这三种标签也存在前述三个问题(没有看、没有理解、理解了但没改变行为)。其中,"没有理解标签内容",甚至"没有知名度"的问题尤为严重。

因为大部分标签是满足某种特定标准的认证标签,本身只是一个标志,具体满足什么标准,确实不太容易理解。不理解标签的含义,当然无法达到期待中的效果。

比如,我在中国实施过一个调查[1],调查内容为"是否了解有机标识"与"愿意花多少钱买有机大米"的关系。结果显

---

[1] 此部分内容参考了 Shimokawa 等的研究(2021b)。

示，了解有机标识的人仅占全部人数的17%。在不了解有机标识的人群中，愿意为"有机大米"和"普通大米"支付的金额并无差异。而在了解有机标识的人群中，愿意为"有机大米"支付的金额是"普通大米"的将近两倍。也就是说，要想让有机标识发挥真正的价值，最重要的是要先提高它的知名度。

像这样仅靠食品标签难以充分发挥效果的情况有不少。再者，食品标签是选择食品的基本依据，是其他"饮食"政策的基础，是不可或缺的。和其他政策相结合，还有望发挥出更大的作用。

● 温室气体排放权交易制度的目标

前面我们讨论了对"饮食"方的推动作用，接下来继续探讨对"食品生产"方的推动作用。

先来探讨起因于"食品生产"的"负外部性"，然后针对改善环境污染的对策展开讨论。在第六章中介绍过，解决此问题的难点在于不存在被污染自然资源的市场，很难用金钱衡量自然资源和环境污染。

此时，"排放权交易制度"便应运而生，用于帮助构建可以明确衡量排放量的经济价值的市场。其中，温室气体排放权交易制度正被广泛采用。

温室气体排放权交易制度是什么样的制度，又有什么目标呢？

首先，它根据一定的科学依据设置温室气体排放量上限，并在此范围内将温室气体排放权有偿或无偿地分配给企业。其次，通过整合市场，使各企业可以互相交易温室气体排放权，从而形成各企业可以根据自己的实际温室气体排放量调配排放权的制度。如果企业的"实际温室气体排放量"高于"温室气体排放权限规定的量"，则该企业会受到惩罚。

读到这里，也许有人会说，整合市场不必拐弯抹角，"政府直接限制温室气体排放量就好了"，或者"对温室气体排放量课税、引进温室气体排放量削减补贴就好了"。但在实际操作时，会产生大量无谓的成本，效率也很低。

构建温室气体排放权交易制度的瓶颈就是，不能正确把握企业的异质性。也就是说，有些企业比较擅长削减温室气体排放量，也有些企业不擅长。只有擅长的企业削减得更多，社会总成本才会变低。然而，是否擅长削减只有企业自己清楚，对企业来讲，如果实在不擅长，对政府如实相告是比较划算的。所以，政府不能准确地把握企业的异质性，很难决定最适合每个企业的温室气体排放限制量，也很难确定适合整个社会的税金和补贴额度。

此时便轮到温室气体排放权交易制度一显身手了。此制度的目标是让企业在市场上交易排放权，从而自然实现温室气体排放权的高效分配。优点在于政府完全不需要了解企业的异质性。而且，企业还可以通过提高温室气体减排效率，得到经济上的回报，比如"出售多余的排放权""免除罚款"等，同时也促进了新的温室气体减排技术的开发。

实际上,"温室气体排放权交易制度"已引进到全世界的44个国家和地区。经济合作与发展组织于2021年称,因使用能源而排放的约40%的温室气体通过这些制度(含碳税)被纳入市场。也就是说,还有60%没有受到任何制约。温室气体排放权的合理交易建议价格为每吨(二氧化碳)60欧元以上,但几乎所有国家的交易价格都在30欧元以下。

根据欧盟的欧洲温室气体排放权交易制度,2018—2019年的温室气体交易价格由每吨16欧元上升至25欧元,推测市场上的温室气体排放量减少了8.9%[1]。

日本的东京都和埼玉县也分别从2010年和2011年开始,在总计约2000家事业单位引进了含削减作用的温室气体排放权交易制度。但实际温室气体排放权交易量仅为预计的百分之几,绝对算不上成功。

目前,温室气体排放权交易制度的对象仅限于钢铁、化学、汽车、电力、运输等非农业部门,尚无一个国家将此制度应用于农业部门。因为很难具体测算每家农户的温室气体排放量。即使可以测算,个别监测这些农户的成本也太高,很不划算。但如第六章所讲的,农业生产的温室气体排放量约占总体的20%,确实需要采取对策。

---

[1] 此部分内容参考了Marcu等的研究(2020)。

新西兰终于决定于2025年将温室气体排放权交易制度引入农业部门。背景之一是新西兰温室气体排放量的一半左右都来自农业。

根据新西兰政府规划的目标，最理想的情况是于2025年将排放权交易制度应用于农场。为了实现这个目标，政府与农业部门达成了"He Waka Eke Noa"[①]（我们共同面对）的伙伴关系，共同开发会计与报告系统，用来管理农场温室气体的产生与排放。

如果来不及完成，就由加工业监测畜牧业的温室气体排放量，由肥料制造业者或进口行业业者监测肥料的温室气体排放量。

温室气体排放权交易制度如何在农业部门顺利发挥作用，发挥多大作用，如果发挥作用，能达到什么样的效果，对于今后的推广来讲是一种必不可少的尝试。

● 通过数字化转型保障安全·安心·可持续发展？

最后，我们探讨一下食品市场的数字化转型带来的一系列可能性。在此讨论的是"食品市场的数字化发展引起的社会整体变革"，所以叫作"食品市场的数字化转型"。

比如，利用物联网技术从连接"食品生产"与"饮食"

---

① 新西兰毛利谚语，意思是"我们共同面对"。——译者注

的价值链中收集大量数据，并将这些数据上传至云端，用人工智能技术进行分析，有可能促使整个社会转变成可以使饮食生活更加健康环保的状态。

可以从价值链的所有侧面收集、分析可机读数据，以及有效利用这些信息的数字化平台，使这些尝试成为可能。比如，2014 年，一天之内每个农场可收集的数据点为 19 万个。预计到 2050 年，一天之内每个农场可收集的数据点将多达 410 万个[①]。

有望通过食品市场的数字化转型得到较大改善的问题中，包括了"信息的不对称性"与"交易费用"。通过改善信息的不对称性，有望提高食品安全性，减少食品损失。而减少交易费用则可以普及新技术，更加灵活且适量地供给食物。

举一个食品溯源方面的例子。所谓食品溯源，是指记录和保存从食品的生产到消费的交易过程，使食品的来龙去脉有迹可循的一种系统。

发生感染牛海绵状脑病和大米违法转卖事件之后，牛肉溯源和大米溯源在日本成为一种硬性规定。但因整理和保存交易记录需要花费人力、时间和费用，所以尚未普及到其他食品。为了在发生安全问题时可以查明原因、防止事态扩大，也为了赢得消费者的信赖，食品溯源范围的进一步扩大备受期待。

---

① 此部分内容参考了 Schroeder 等的研究（2021）。

使用分布式账本技术和智能合约等数学技术有可能大大减少食品溯源所花费的人力、时间和费用。分布式账本技术是利用暗号技术防止篡改记录，正确记录价值链上的一系列交易信息，提高交易透明度，使数据监察和共享更加便利的一种技术。而智能合约是允许在没有第三方的情况下，只在当事人之间进行可信交易的一种数字技术。

使用智能合约技术处理从农场到餐桌的合同与手续，使用分布式账本技术将相关记录与所有相关人员共享，既不会花费很多人力、时间和费用，又可以保证较高的透明度和信用。这里的相关人员也包括消费者，所以消费者当然可以方便地查询到所购买食品的安全性和新鲜程度，比如食品是从哪里，如何被运送来的。也就是说，食品市场"信息的不对称性"会被大大改善。从而防止食品伪装与食品污染事件的发生及扩大，使消费者可以买到更加安全安心的食品。

使用智能合约技术可以省去以前必需的第三方居间，使交易在线上进行，大幅缩短整个交易过程。也就是可以大幅削减"交易费用"。由此提高食品供应链的效率，更加便宜且稳定地供给食品。

IBM 食品信托基金会（Food Trust）便因采取了这种做法而闻名。参加此基金会的有都乐（Dole）、怡颗莓（Driscoll）、克罗格（Kroger）等全球的食品生产商、供应商和零售商。

法国大型超市家乐福有效利用了 IBM Food Trust，向消费者提供了所销售鸡肉的详细信息（病历及新鲜程度等）。欧美销售橄榄油的 CHO 公司也是如此。消费者用手机扫描外包装上的快速识别条码，输入商品的序列号，便可查询到原材料的生产农场和认证结果等信息。

在食品市场的数字化转型过程中，还有一点备受期待，那就是减少"农业生产对环境的压力"和"供需失配造成的食品浪费"的可能性。比如，收集天气、土地和水的状态，所栽培农作物的种类及品种，肥料和农药的使用量和使用时间等详细的生产活动数据，与生物化学、环境学的分析模式相结合，预测出农户的生产活动对环境的压力，便有可能实现数字化。如此一来，便可以在农户中引进前面所说的温室气体排放权交易制度了。而且，农户在制订生产计划时，将农业生产对环境的压力作为成本计算进去，可以高效地减轻环境压力。

另外，如果可以实时收集市场动向、保管及配送的制约条件、库存与销售情况、剩余最佳食用期限等数据，预测到最合适的供给量，便可减少积压和过期造成的食品浪费。

因此，食品市场的数字化转型中隐藏着弥补"食品市场局限性"的巨大可能性。第八章中讲过，技术和系统再优秀，最终也要看人怎么使用。所以，在采取对策时，不能仅停留在技术层面，还要将"人性"考虑进去。我们将在下一章探讨此内容。

第十一章
考虑"人性"因素

在第三部分的最后，我们将探讨如何为了改善"人性"引发的问题而不断地探索和试错。更具体地讲，是通过稍微改变"饮食"与"食品生产"所处的环境，使目前的措施更加有效的一种尝试。

这种尝试就像料理中的调味料，是一种辅助性的添加或修改。比如说，第九章和第十章中的措施是鱼和肉，第十一章中的措施是盐和胡椒等佐料。放的佐料不同，鱼和肉的味道会很不一样。同样地，只要设法将"人性"因素考虑进去，目前的措施也许就能更加有效地发挥作用了。

● 推动"饮食"发展

用"人性"推动"饮食"发展的方法大致有两种：①塑造"先思考再选择"的情景，②塑造"可以下意识地做出更佳选择"的情景。

在行为经济学家理查德·塞勒等的著作中，有一则广为人知的"助推（从后面推）"理论，包含了这两种方法。其中更加积极的助推是方法①，采用了提醒等方式。而方法②是更加谨慎的助推，使用了默认效果。

也许有人看了方法②会说："咦？不思考也可以吗？"当然，如果使用方法①很有效的话，就没必要使用方法②了。但有些人无论什么情况下都不认真思考，也有不少人即使认真思考了也不会做出最佳选择。同时，人口增长与环境问题刻不容缓，饮食生活需要立即改变。所以，作为退而求其次的选项，方法②也是很重要的。

接下来，我们分别看看两种方法的具体事例。

● 塑造"先思考再选择"的情景

首先应该尝试的最佳方案是，塑造一个容许人们有思考余地的情景，使之先思考，再做出更佳选择。

比如，采用提醒方式有可能减少第八章中所述的因患痢疾而死亡的婴幼儿数量。但是我们也分析过，想要改变他们因"错误思维"（不使用口服补液盐水）而做出的选择是非常困难的。

近年来，移动医疗语音短信（mHealth）颇受瞩目。比如，在孟加拉国的首都达卡进行的一项关于 mHealth 效果分析的研究[1]，对十六个月内确诊为痢疾的 769 个患者家庭进行了随机

---

[1] 此部分内容参考了 George 等的研究（2020）。

对照试验。在此试验中，对三种传达痢疾预防信息的方法进行了比较。即"仅诊断时""mHealth""mHealth+ 上门访问"。所传达的预防痢疾的信息内容本身是一致的。

"仅诊断时"通常只有在诊断时才会发信息，但在 mHealth 系统中，从诊断开始的 12 个月内，每周都会收到一次短信。内容一般是，"请在烹饪前、饭前、如厕后、给孩子擦脸或小屁屁之后洗手""如有家人感染痢疾，请于一周内对饮用水进行氯化消毒，或煮沸后饮用""饮用水需保存在有盖容器中"，等等。

在诊断后 12 个月内，5 岁以下患痢疾儿童的比例通常为 21%~25%，但在参加 mHealth 项目的家庭中，此比例下降到了 15%~19%。2 岁以下儿童发育障碍比例通常为 45%，但在参加 mHealth 项目的家庭中，此比例竟然下降到了 32%~33%。

其次，在第十章我们介绍过在食品沙漠地区增设健康食品获取渠道的措施，如果和"语音提醒"结合起来，或许会更加有效。

比如在美国的食品店里进行的一个社会调查。在此调查中，将一些健康食品分装成方便购买的小袋，放在商店收银台的旁边。结账时，有些店的店员会提醒客人是否需要购买这些食品，有些店的店员则不提醒。然后将这两种商店的销售额进

---

① 此部分内容参考了 Payne 和 Niculescu 的研究（2018）。

行比较。结果，提醒客人的商店的销售额是未提醒客人的商店销售额的两倍以上。

也就是说，只需要店员稍微提醒（助推）一下，便有可能让改善食品获取途径的措施更加有效。

第八章的"外卖服务的例子"也采取了缩小"现时偏见"影响的措施。有一项研究[1]尝试通过改善学校午餐定制方法，使午餐内容更加健康。

此项研究为期四周，在纽约州两所小学的 14 个班级中展开。将班级随机分为两组，一组在"肚子已经饿了的午餐时间选择食物"，另一组在"肚子还没饿的上午提前选择食物"，然后对比了他们选择的午餐内容。并预计提前选择的班级会选择更加健康的午餐。

但令人遗憾的是，根据此研究写的论文因数据的真实性遭到质疑，此研究于 2019 年被撤销了。故在此不介绍研究结果。这一系列研究的核心人物因此而身陷囹圄，不得不辞去了大学教授的职务。因为这位核心人物是我一直关注的学者，所以我深感遗憾。但我认为这个方案本身十分有趣，值得参考，所以还是提一下。

有些跑题了。还有其他各种提案。比如在美国弗吉尼亚州和加拿大多伦多的超市里实施的另一项研究[2]，用胶带将一

---

[1] 此部分内容参考了 Hanks 等的研究（2013）。
[2] 此部分内容参考了 Wansink 等的研究（2014）。

部分购物车像图 11-1 那样一分为二，然后贴一个提示标签，写着"请将蔬菜和水果放入购物车的前半部"。然后对使用这种购物车的顾客和使用常规购物车的顾客所采购的食品进行了比较。

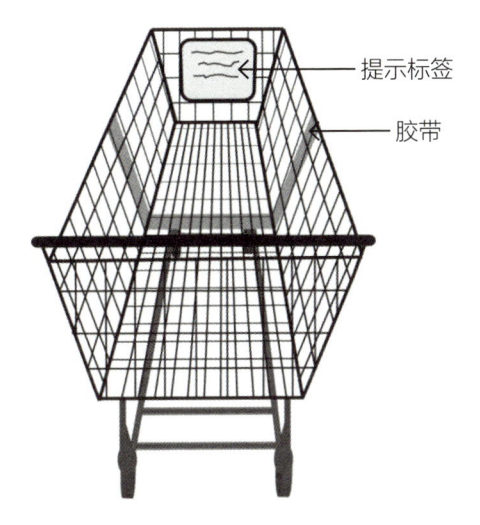

图 11-1　一分为二的购物车

资料来源：Wansink 等的研究（2014）。

此试验的目的是，让顾客每次将商品放入购物车时都想一下这是蔬菜、水果还是其他食物？结果，使用这种购物车的顾客购买的蔬菜和水果是使用常规购物车顾客的两倍以上。总支付金额也增加了 25%。也就是说，达到了顾客的饮食结构更健康，超市销售额也提升了的双赢效果。

前面讲的所有方法都可以应用于我们的日常生活中。比如，许多日本人每天都会去购物，购物时才考虑当天要买的东西。也有人是在下班路上顺便购物，没有时间考虑那么多，所以不细想就"先买今天想吃的东西"，如此日复一日。然而，被时间追着做出瞬时判断时，容易产生认知偏见。结果就造成了不均衡的饮食和家庭的食品浪费。

要想改善这种状况，可以提前一周做好计划。最近就有一些可以帮助做计划的手机软件。提前做计划很可能帮助我们选择更健康的饮食，减少不必要的购物。而且，在一个能意识到自己在吃什么的环境中进餐也是非常重要的。比如，不看电视和手机，在光线明亮的地方进餐等。

● 塑造"可以下意识地做出更佳选择"的情景

然而，在现实中，即使塑造了一个可以先考虑再选择的情景，也有人无法做出正确选择。所以，尝试利用人的启发式[1]和条件反射之下的决策，使人们下意识地做出更佳选择也很重要。比如本章开头介绍的方法②。

这个方法主要利用了"默认效应""凸显效应""社会认同"等。所谓"社会认同"，是指个人行为需要得到社会上其

---

[1] 启发式指的是一种心理捷径，它可以帮助人们快速有效地做出判断。在一般情况下，启发式是高效且有用的，但是在某些场合下它也有可能导致认知偏差。——译者注

他人的认可,并且会被这种认可行为及态度影响的现象。此方法的核心观点是,尽量选择简便易行且合乎期待的选项作为默认选项,显著地改变社会及群体的结构。

我们再次从一些国家的痢疾问题着手进行分析。需要再强调的是,减少痢疾的关键之一是要供给消毒过的安全饮用水。比如,日本孩子很少患痢疾的一个重要原因就是,日本的饮用水是用氯化物消毒过的自来水。但一些国家的许多地区自来水管道还不尽完善,必须自己使用氯化消毒液对饮用水进行消毒。但这个操作有些麻烦,很容易被忽略。

肯尼亚有一项研究,即尝试在低价(3美分/月)提供家用氯化消毒液的地区,将兑入氯化消毒液的"公用氯化机(免费)"放置在村里的水井旁。这样,村民就不用自己准备消毒液,而是从井里汲水之后就可以立即取用到所需量的消毒液了。而且,放在水井旁的公用氯化机成为一种提醒,只要看到它,就知道要消毒了。而且看到其他村民使用,其他村民也会潜意识地要求自己使用,大家会为了取得社会认同而对水进行消毒。

结果,使用氯化消毒液的家庭比例由 7% 增加到了 60%。也就是说,在村里放置一台公用氯化机比为村民家庭购买氯化消毒液提供补贴要有效。虽然政府支出略有增加,但从最终效

---

① 此部分内容参考了 Kremer 等的研究 . (2009)。

果来看,"公用氯化机"无疑是性价比最高的痢疾对策了。

接下来,我想介绍下 2009 年始于美国的智能午餐室活动。至今,全美已有两万多所学校参与到这项目活动中来。此项活动的目的在于,将公办学校的食堂环境做出少许改善,使学生可以吃到更加健康的午餐。主要内容是想办法使学生更加方便地看到和选到蔬菜、水果等健康食品,并改善饭菜的卖相。这项措施只需花费 50 美金,这也是它得以推广的原因。

再来看看详细内容。首先是选择的便利性。比如,原本是"将苏打水、巧克力牛奶、牛奶、水并排放置的",现在改为"将牛奶和水放在前面,将巧克力牛奶和苏打水放在后面"。有报告称①,通过这一改善,越来越多的孩子不再选择巧克力牛奶,而是选择了牛奶。牛奶的消费量上升了 20%。也有人建议将曲奇和炸薯条等点心放置于食堂柜台内等必须拜托工作人员才能拿到的地方。

其次是设法让学生更容易看到。在大多数食堂里,苹果、橘子等水果都被亚克力盘盛着,被防飞沫隔板挡着,放置在一个不起眼的地方,高度及腰,而且还装在不锈钢容器中。于是,人们将水果移到了收银台旁边,放置在学生容易够到的高度,并装进保温陶碗里。有一项研究②在纽约州的中学里进行了为期九周的随机对照实验,检验了此项改善的效果。结果显

---

① 此部分内容参考了 Simich 等的研究(2011)。
② 此部分内容参考了 Greene 等的研究(2017)。

示，午餐时选择水果的学生人数增长了36%，水果消费量也增长了23%。

饭菜的卖相也很重要。另外一项研究也在美国的城市里进行了一项随机对照实验。如图11-2所示，他们在10所小学的"食堂沙拉吧里设置了蔬菜形象的标识"。结果，在设置了蔬菜标识的小学里，有24%的学生食用了蔬菜，而在没有设置标识的小学里，只有12.6%的学生食用了蔬菜。也就是说，设置蔬菜标识使食用蔬菜的学生比例几乎增加了一倍。

在智能午餐室活动中，还有多达一百种以上的方案被提出来。比如盛饭工具的大小、照明的亮度、饭桌的配置、墙上贴的宣传画等。而且，各个学校可以自由选择实施方案，将方案进行组合。这种高度自由也是该项措施得以广泛推广的重要原因。

最后，我们再来探讨下第十章中介绍过的苏打税和脂肪税。是否容易被消费者看见，决定了其效果可能会不同。此处的关键是"凸显效应"和"框架效应"。

有一项研究尝试了对非健康料理课税20%时的两种不同的表示方法，并调查了午餐中的热量摄入有何不同。具体做法是"在菜单上印上课税20%后的价格，并标明是非健康食品，课税20%"，或者"在菜单上印上课税前的价格，并标明是非

---

① 此部分内容参考了 Hanks 等的研究（2016）。
② 此部分内容参考了 Chen 等的研究（2015）。

图 11-2 设置了蔬菜形象的沙拉吧

资料来源：Hanks 等的研究（2016）。

健康食品，课税 20%"，还有一组是"无课税"。如此随机分成三组，比较客人点餐内容的差异。

菜单由饮品（12 种）、主食（12 种）、点心（9 种）三部分构成。每位参加者有 10 美元的预算，可以从菜单上点餐。且各部分的健康食品与非健康食品的比例基本一致。有些类似于素汉堡和奶酪汉堡。

结果，与"无课税"那一组相比，菜单上标了税后价格的那一组的热量摄入减少了 104 kcal，菜单上标了税前价格的那一组的热量摄入只减少了 70 kcal。

也就是说，在所征税内容一致的情况下，比较明确的税后价格对消费者行为的影响更大。因此，写明征收苏打税和脂肪税，将税后价格印在菜单上的效果可能会更好。

● 推动"食品生产"的发展

在此节中，我们将探讨"食品生产"过程中结合"人性"因素的探索和试错。

"食品生产"和"饮食"一样，可以推动人们做出选择。

而且，"食品生产"中的选择和"饮食"不同，大多是经过深思熟虑之后做出的，而且也不建议不经思考就做出选择。因此，即使结合了"人性"因素，也不像"饮食"那样游刃有余，推动方向也不同。

首先从第八章中介绍的非洲农业生产效率低但却不使用肥料的问题说起。

此问题的主要原因之一是在比较富裕的收获期过度消费，到了下一季播种时没钱买肥料了。针对这种问题，应采取为下一季农业生产早做储蓄的对策，也就是提供"承诺机制"[1]。

马拉维共和国曾经实施了一项随机对照试验[2]，帮助农户

---

[1] 承诺机制：指立下契约，或是用其他方式，把一个人想要达成目标的誓言变得正式化。——译者注
[2] 此部分内容参考了 Brune 等的研究（2011）。

开设"微型金融"账户。此项试验将农户随机分为两组，一组"只开设普通账户"，另一组"开设普通账户和农业资财用特殊账户"。重点在于，一旦往这个特殊账户里存了钱，直到下一季播种时才可以取出。目的更加明确，承诺的程度更高。

结果，到播种前，开设了特殊账户的农户比只开设了普通账户的农户增加了 9.8% 的储蓄额，肥料使用率增加了 26.2%，农业生产量增加了 22.0%，收获后的家庭支出增加了 17.4%。而只开设了普通账户的农户和无储蓄账户的农户之间没有太大差异。

除了金钱问题之外，还有农户说，从村里去市场买肥料很麻烦。也有很多时候是因为去往市场的道路未铺设好，坑坑洼洼的。而且，有车的农户也少，农户觉得去买那么重的肥料很麻烦，这种心情是可以理解的。因此，尽管肥料已经分装成小包出售了，仍然没有太大效果。

因此，肯尼亚的一项研究引进了"免费上门配送肥料"的随机对照试验。据报告称，此次试验中的农户的肥料使用率增加了 47%~70%。不仅省掉了去市场买肥料再带回来的时间和体力，还给人一种很划算的感觉（因为是免费配送），这点也很重要。而且，这种效果和补贴 50% 肥料费用的效果基本

---

① 微型金融：是专门针对贫困、低收入的人口和微型企业而建立的金融服务体系。包括小额信贷、储蓄、汇款和小额保险等。——译者注
② 此部分内容参考了 Duflo 等的研究（2011）。

一样。

还有一些其他的有效利用数字技术的例子。在一项关注尼日利亚大米农户的研究中，农户可以从一个名为水稻管家App中获得"定制化的施肥管理建议"，以改善生产效率。此项研究使用随机对照试验对其效果进行了检验。

传统的施肥管理建议只基于农作物的种类（大米、小麦、大豆等）与三个阶段的土地肥沃程度（高、中、低），十分笼统。但水稻管家则只针对大米，更为细化，它可以根据大米的品种和种植方法、上一年的单产、目前正在使用的肥料种类等，计算出适合于某个农户和耕地的施肥量。也就是说，它大大减少了复杂的、不易把握的施肥管理的时间和体力。结果，使用了水稻管家的农户在整体施肥量不变的情况下，比其他农户的产量增加了7%。农业生产利润增加了10%。

也就是说，即使只利用现有技术，也可以结合"人性"因素对农户的状况进行微调，生产效率还有很大的提升空间。

另外还有不使用新技术的问题。主要原因之一在于"注意力的局限性"。

可以考虑采取"人性化的"信息提供及提醒服务。比如只对目标农户发送运用了社会性比较与社会性规范的信息。也就是说，短信会将目标农户在意的组别抽出来，将其采用新技

---

① 此部分内容参考了Arouna等的研究（2021）。

术的情况与目标农户做比较。然而，目前尚无研究从"食品生产"的角度验证这些措施的效果。

也有的研究虽然没有结合"人性"，但明确了改进信息传达方式的重要性。例如在中南美厄瓜多尔的一项研究中，为了普及"将农药等的使用量控制在最低限度的害虫管理法"，即害虫综合管理（Integrated Pest Management，IPM），采用了发短信的方法，并通过随机对照试验对其效果进行了检验。

研究对象是参加了 IPM 一日培训课程的种植土豆的农户。以前只是在培训结束后将 IPM 的教材发给他们。此试验还随机挑选了一部分农户，"在栽培大豆的 10 周内，将 IPM 作业相关的短信发送至他们的手机"，并且只针对这部分用户提供此项服务。例如，在相应的作业时期，向农户发送具体的作业内容与作业目的方面的信息，比如，"把垄堆高时，别忘了要防马铃薯麦蛾（蛾子的一种）虫害"。

结果，收到信息的农户的 IPM 知识（测试分数）比其他农户高出了 18.3%~23.2%，采用了 IPM 推荐的作业方法的比例也比其他农户高出了 5.5%~9.3%。

也就是说，只提供信息还不够，在提供信息的时机和内容上下功夫可以取得更大的成效。

---

① 此部分内容参考了 Larochelle 等的研究（2019）。

● 切忌期望过高

前面我讲了将"人性"因素加以考虑的优势。但正如本章开篇所讲的，我们必须牢记，这些措施归根结底是辅助性的，并不是主要的。而且，我还想强调下，这些措施的效果是有各种局限性的。

首先，任何一点变化都可能会引起人的选择和行为的变化。反之亦然，另外的任何一点变化都很有可能会抵消效果。

其次，本章中介绍的措施毕竟只能起到"一定程度"的助推作用。而人对"一定程度"的容许度是十分有限的。因此，单独来看可以起到"一定程度"的助推作用，但是三四个措施合并的话，就立刻超出人们对"一定程度"的容许度了。所有的助推效果都有可能会失效。

因此，在考虑"人性"因素时，需注意措施的数量和组合。尤其是塑造思考情景的助推作用的认知难度较大，如果动作过于频繁，就会被人们不厌其烦，反而会产生反效果。和纠缠不休的销售电话的反效果是一样的。

即使是让人们下意识地做出正确选择的助推措施，如果使用次数过多，也很有可能会抵消其效果。例如，使健康食品更显眼的广告，如果数量过多，看上去每一个都不突出，人们就不会注意到了。

即使综合考虑了这些措施的局限性，作为改变人们选择和行为的"线索"，结合了"人性"因素的措施仍然可以说是非常有效的工具。换言之,这些措施不具备超出"线索"以外的效果,不要对其抱有过高的期待,这样的心态很重要。而且,做好准备迎接实际运用这些线索的下一个阶段,即构建一个着眼于长期变化的机制是十分重要的。为了实现这个目标,即使没有更令人耳目一新的方案,也应该将第九章和第十章中所列举的探索和使用过的方案踏踏实实地践行下去,归根结底,这才是最重要的。

第四部分

想象未来
——从"饮食"角度思考未来社会

第四部分综合前三部分的内容，再次思考什么才是"对社会来讲最理想的饮食状态"。

在思考之前，我想问问大家，还记得第一部分最后的那个问题吗？

"你认为什么样的'饮食状态'才是对社会来讲最理想的？"读到这里，应该有自己的答案了吧？如果有了，请将它写下来。

其实，专家们对此问题已经给出了具体答案，但那并不是唯一的正确答案，只是全世界专家一定程度上达成了一致意见而已。

第十二章是最后一章了。在这一章中，我们看看专家们给出的答案，以及实现这个目标需要做出的改变。还可以看看"专家们的答案"和"看答案之前自己的意见"之间有多少差距，思考为何会产生这样的差距。如果一边思考这些问题一边读的话，应该可以更加愉快地享受接下来的内容。

第十二章
未来的"饮食"

现有的"饮食"和"食品生产"机制，说是专门为了满足当代人的食欲而构建的也毫不为过。从这个意义上来讲，虽然这些机制不算完美，但也充分达到了目的。

然而，这种机制也有局限性。要想要用地球上有限的资源养活持续增长的世界人口，在 50 年甚至 100 年后仍可以和现在一样生产食品，仅靠短期内提高食品生产效率是不够的。今后，需要在减贫、促进健康饮食生活、气候变化、生物多样性危机、自然灾害等方面也构建起强有力的机制，在应对其他重要目的的同时，持续提高食品生产效率。

这样说过于抽象了，所以在本章中，我们将具体分析，在综合考虑其他目的的情况下，什么样的"饮食"和"食品生产"才是最理想的。

● 什么是"健康可持续的饮食生活"？

在考虑未来的"饮食"时，"饮食"对健康的影响和"食品生产"对环境的压力这两个因素十分重要。同时考虑了这两方面的饮食生活才叫"健康可持续的饮食生活"。

重点在于能够同时改善"健康"与"可持续"两方面。也就是说,更加健康的饮食生活很可能也是更加可持续的。

比如,要想过上更加健康的饮食生活,以下三点变化是必须的,同时也对减少环境压力有益。

第一,需要减少一些国家的过量饮食,节约整个食品生产所必需的自然资源。第二,需要增加素食比例,大幅降低肉食比例。由此可以减少畜牧业的温室气体排放量及水质污染。也有人建议减少深加工食品与添加糖类等的消费量,由此削减复杂的加工过程中的发生的食品损失。

"健康可持续的饮食生活"的具体例子有全世界公认度最高的柳叶刀饮食委员会(在第六章中介绍过)提出的饮食生活概念。此提案的内容正是专家们对"什么是社会最理想饮食生活?"的回答之一。

柳叶刀饮食委员会是由各个专业食品领域的研究人员组成的。他们基于一定的科学依据,提出了截至 2050 年应该达成的"健康可持续的饮食生活"的标准[1]。下文简称为柳叶刀标准。表 12-1 所示为按照柳叶刀标准的内容,列出的各种食品的人均每日摄入量以及日本人均每日摄入量。

---

[1] 此部分内容参考了 Willett 等的研究(2019)。

表 12-1 柳叶刀标准人均每日摄入量以及日本人均每日摄入量

单位：g/d

类型	柳叶刀标准的人均每日摄入量	允许范围	日本人均每日摄入量
谷物类	232		410.5
薯类	50	0~100	50.0
蔬菜	300	200~600	280.5
水果	200	100~300	100.2
乳品	250	0~500	110.7
蛋白质来源 　牛、羊 　猪 　鸡 　鸡蛋 　鱼类 　豆类 　坚果类	 7 7 29 13 28 75 50	 0~14 0~14 0~58 0~25 0~100 0~100 0~75	 15.5 39.9 30.8 41.4 68.5 64.6 2.7
脂质 　不饱和脂肪酸 　饱和脂肪酸	 40 11.8	 20~80 1~11.8	 35.7 17.9
添加糖类	31	0~31	—

数据来源：以上表格由作者根据 Willett 等的研究（2019）和日本《国民健康营养调查 2019》中的数据制作而成。

注："日本人每日摄入量"为 20 岁以上日本人每日摄入量的平均值。添加糖类的数据未见报告。

首先对比一下柳叶刀标准人均每日摄入量和现代日本人（20 岁以上）人均每日摄入量（表 12-1）。整体上来讲，日本人均每日的肉、鱼、饱和脂肪酸摄入量过高，水果、乳品、坚果类的摄入量过少。尤其是牛肉、猪肉、鸡蛋、饱和脂肪酸的人均每日摄入量甚至超过了允许范围的上限。水果也逼近允许范围的下限，需要再增加每日食用量。

仅凭表 12-1 的数据估计理解得还不够透彻，我们再换个角度，从食用频率方面来看看。比如，在柳叶刀标准中，牛肉和猪肉的人均每日摄入量为 7 g，但并非每天食用 7 g 的意思。而应该理解为，如果每餐饭吃 70 g 牛肉的话，每 10 天吃 1 次就可以了。

按照这个逻辑，日本人食用牛肉的次数就可以减少为每月三次左右，食用鸡蛋的次数也需要减为每周三次左右。要想减少饱和脂肪酸，增加不饱和脂肪酸的摄入量，可能需要增加荏油（紫苏籽油）、亚麻籽油、菜籽油、米糠油等食用油的比例。

柳叶刀饮食委员会称，如果全世界人民都能践行这样的饮食生活，患上心脏病与 II 型糖尿病等疾病的风险就会降低，预计全世界成人年均死亡人数将减少 1080 万~1160 万人。其中，增加水果、蔬菜、坚果类、豆类食用量的贡献尤其巨大。相较之下，减少食肉量对健康状态的影响较小，减少环境负荷才是它的主要贡献。

另外，在"食品生产"对环境的压力方面，柳叶刀饮食委员会也正在围绕 2050 年应达成的目标展开讨论，此目标是为了避免对地球造成不可弥补的毁灭性破坏而制订的。

柳叶刀饮食委员会提出，截至 2050 年，"食品生产"对环境形成的压力上限值为年排放温室气体 50 亿 t（用 CO_2 换算），使用耕地面积 1300 万 km^2，年取水量（仅指灌溉用水等，不包含雨水）2500 km^3。

实现这些目标有多难呢？"如果我们继续维持目前的饮食生活和食品生产，到了 2050 年，温室气体的年排放量将达到 98 亿 t，使用耕地面积将达到约 2110 万 km^2，年取水量将达到约 3000 km^3"，通过这些预测数据，你们就明白了吧？也就是说，温室气体排放量与耕地面积必须比预测值还要再分别减少 96% 和 62%。

而且，到了 2050 年，全球人口可能已经达到 100 亿了，要想养活这么多人口，必须继续增加食品生产量。因此，柳叶刀饮食委员会也做出了判断，光是食品生产用水量，就不可能达到其他两个目标的减少值。而且，全世界取水量的 70% 以上已经用于食品生产了，到了 2050 年，必须继续增加这个比例，目标是将食品生产的用水量控制在整体取水量的 90% 以内。

● 必要的变化和成本是多少？

接下来，我们也具体看看日本以外的地区。要想满足柳叶刀的标准，需要如何改变饮食生活以及践行这种生活所需的成本。

图 12-1 列出了全世界、北美洲、撒哈拉以南非洲地区的饮食生活，通过 11 种食品，总结出了柳叶刀标准和现行饮食生活的差异。

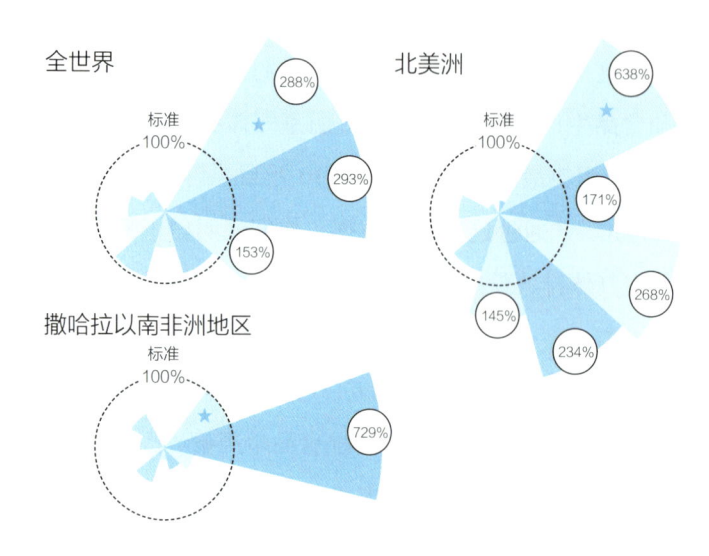

图 12-1　柳叶刀标准与现行饮食生活的差异

资料来源：由作者根据EAT-Lancet Commission的报告（2019）里的图片编辑而成。
注：带★号的区域代表红肉，下面按顺时针依次为薯类、鸡蛋、鸡肉、乳品、鱼、蔬菜、水果、豆类、谷物类、坚果类。

从全世界来看，红肉、薯类、鸡蛋的食用量分别是标准值的 288%、293% 和 153%。而其他食品的食用量是不够的，鸡肉和鱼肉以外的品种还不足标准值的一半。也就是说，在大幅减少食肉量的同时，还需要增加水果、蔬菜、坚果类、全麦类素食的食用量。

另外，对比北美洲和撒哈拉以南非洲地区就能发现，不同地区之间的差异很大。在北美洲地区，红肉、薯类、鸡蛋、鸡肉、乳品的食用量大大超过了标准值，尤其是红肉的食用量竟然达到了标准值的 6 倍以上。而蔬菜和水果的食用量还不足标准值的一半，是最需要大刀阔斧地进行改善的地区。

相较之下，在撒哈拉以南非洲地区，除了红肉和薯类以外，其他各种食品的食用量均远不达标。其实红肉的食用量也略显不足。需要全面增加所有种类食品的食用量，但和北美洲地区的大幅改善是不一样的。因此，不同地区应该改善的内容和程度是迥异的。

这时就会有人问了，"那满足柳叶刀标准的饮食生活需要花多少钱？"因为他们觉得，像北美洲的国家和日本这样的发达国家还可以负担这些生活所需费用，但像撒哈拉以南非洲地区的发展中国家的人们，根本没有经济能力去实现达标的饮食生活。

有一项研究[1]应该可以回答这个问题。此研究调查了 159 个国家 744 种食品的零售价格（2011 年），推算出了每个国家要想达到柳叶刀标准所需花费的最低成本。而且，还推算出了连最低成本都负担不起，无法践行柳叶刀标准的低收入人群比

---

[1] 此部分内容参考了 Hirvonen 等的研究（2020）。

例。表12-2按照地区和收入水平对这些推算值进行了汇总。

表12-2 "践行柳叶刀标准所必需的人均每日最低成本"与"低收入人群的比例"

地区	中值（美元）	低收入人群的比例（%）	国家类型	中值（美元）	低收入人群的比例（%）
全世界	2.89	23.8	高收入国家	2.77	0.8
东亚·太平洋	3.27	15.0	中高收入国家	3.20	10.8
欧洲·中亚	2.86	1.7	中低收入国家	3.05	37.1
中南美洲	3.48	11.6	低收入国家	2.43	62.2
中东·北非	2.83	19.4			
北美洲	2.65	1.2			
亚洲南部	2.80	38.4			
撒哈拉以南非洲地区	2.50	57.2			

资料来源：以上图标由作者根据Hirvonen等的研究（2020）的结论制作而成。

从全世界的不同地区来看，最低值的中值（按照由大到小的顺序排列时刚好处于正中间的值）为2.89美元。从收入水平来看，最低中值是低收入国家的2.43美元，最高中值是中高收入国家的3.20美元。

但是，高收入国家的低收入人群比例为0.8%，和预想的一样低。中高收入国家约十人中也有一人属于低收入人群，而低收入国家大约每三人中就有两人极度贫困，无法践行柳叶刀标准。

按照地区来看，中值最高的是中南美洲，为3.48美元，最低的是撒哈拉以南非洲地区，为2.50美元。而撒哈拉以南非洲地区的低收入人群比例最高，为57.2%，亚洲南部也有38.4%之多。从全世界来看，约4人中就有1人因收入过低而无法践行柳叶刀标准。

也就是说，为了推进"健康可持续的饮食生活"，增加贫困阶层的收入，降低食品价格，或者通过食品援助开展国际合作变得日益重要起来。其中，在践行柳叶刀标准时，水果和蔬菜方面的支出最多，占到了总成本的31.2%左右。要想进一步降低最低值，关键是要提供更便宜的水果和蔬菜。

● 平衡的对策很重要

为了普及"健康可持续的饮食生活"，不仅需要考虑健康与环境问题，还涉及收入等经济问题。其中非常重要且困难的是以下两个课题：

第一，一边减少食品生产对环境的压力，一边养活日益增长的世界人口，使食品生产活动可以提供更便宜的水果和蔬菜。

第二，尽可能地使较多的人践行"健康可持续的饮食生活"。

为了解决这些课题，我们需要将第三章中讲到的各种对策结合起来加以运用。而且，"健康可持续的饮食生活"的实现度很可能是由这些对策中达成度最低的那个决定的。也就是说，只要有一个对策的达成度低，整体的实现度就会变低，所以，平衡是非常重要的。

这就叫作利比希最小因子定律。可以像图 12-2 那样用多贝内克木桶理论的概念表达。在图 12-2 中，木桶的每块侧板都代表了"饮食"方面的各种课题，侧板的高度代表了解决该课题的达成度。桶内水面的高度代表了"健康可持续的饮食生活"的实现度。因此，就像桶内的水面高度由最短的那块侧板决定一样，"健康可持续的饮食生活"的实现度是由达成度最低的课题决定的。

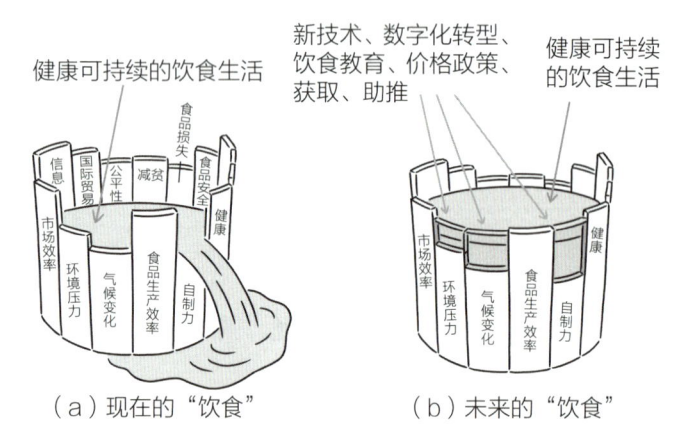

（a）现在的"饮食" （b）未来的"饮食"

图 12-2 "饮食"课题和"健康可持续的饮食生活"之间的关系

资料来源：作者制作。插图：芦野公平。

如图 12-2（a）所示，无论食物的生产效率有多高，如果人们的自制力不够，不选择健康饮食生活的话，"健康可持续的饮食生活"的实现度可能永远都只有那么低。这便是"饮食"的现状。

因此，如图12-2（b）所示，在今后的"饮食"生活中，运用新技术、数字化转型、价格政策、饮食教育、助推等办法改善"饮食"课题中达成度特别低的，更加高水准地实现"健康可持续的饮食生活"就变得越来越重要了。

也就是说，社会资源分配的重点从食品生产效率这项达成度已经很高的课题转变为气候变化及环境污染对策这样达成度较低的课题了。通过这种转变，"饮食"可以达到更好的平衡，提高"健康可持续的饮食生活"的实现度。

● 从未来视角去思考

最后，我们围绕第二个课题——尽可能地让更多的人践行"健康可持续的饮食生活"机制来展开讨论。

目前的研究结果显示，"从当前视角思考"和"从未来视角思考"，得出的结论是不一样的。这虽然和第八章中讲的"动态不一致性"相似，但"动态不一致性"是一种认知偏见，而我们在此要讲的是，即使认真思考了，没有认知偏见，也会得出不同的结论。

未来视角大致可分为两种。一种是"自己或者这一代的未来"，这是中长期视角，主要和健康改善、"动态不一致性"相关。另一种是"后代的未来"，这是好几代以后的事，是超长期视角，和气候变化及环境问题的对策有关。这两者之间决定性的区别在于，是生存在这个世界上的人的视角，还是没有生存在这个世界上的人的视角。

有一个试验①验证了从第一种视角——"自己的未来"想象的效果。通过让一个人具体想象自己未来的体型，验证对他选择点心将产生什么样的影响。

此试验分别合成了参与者"比现在胖"和"比现在瘦"的两种体型的照片，假设这是他们未来的样子，并展示他们看。然后再观察对他们选择点心产生了什么影响。先将参与者分为正常体重、轻度肥胖、重度肥胖三组，从各组内随机挑选成员，给他们展示照片。然后与没看过照片的人做比较，看他们选择的点心种类有何不同。

结果，在重度肥胖小组内，看了照片的人选择健康点心的比例比没看照片的人高出了约32%。其他组几乎看不到效果。而且，效果的大小和给他们发送健康信息时几乎没有差别，可以说并不比之前的对策有效。

一系列名为"未来设计"的措施验证了从第二种视角——"后代的未来"想象的效果。

未来设计是一种设计社会机制的对策（未来设计研究所），在这种体制下，"这一代人为了后代什么都乐意忍受"。

---

① 此部分内容参考了 Segovia 等的研究（2020）。

有人提出，可以对讨论方式进行设计，将当代人分为"这一代"与"假想的后代"，一起商量出有利于后代的新观点和新方法。期待在这样的商量过程中，这一代人可以通过扮演"假想的后代"，为后代的利益考虑，改变自己的行为。

在岩手县矢巾镇的自来水事业上，以及长野县松本市的市政府新楼建设时，为取得自治团体和居民的统一意见，就引进了未来设计的方法。

比如，在矢巾镇，将随机选中的居民分为"当代居民"和"2060年的未来居民"两组，讨论了自来水事业等有关镇政府将来的话题[1]。结果，针对当时呈财政盈余状态的自来水事业，当代居民组主张"降低水费，将盈余部分还给居民"，而未来居民组则主张"提高水费，以储备更新自来水设备的资金"。而且，在此讨论之后，矢巾镇确实提高了水费。

一直存在这样的疑问：我们身为当代人，能代表尚未出生的未来居民的心声吗？虽说不能完美代表，但我们假设一定程度上可以，并且一直在思考和尝试各种引导当代人的视角向"假想的未来居民"转移方法。

以过去的眼光审视现在就是一个很有效的方法[2]。比如，详细了解了50年前至今人世间的变化，有助于我们更加具体地想象未来50年的变化。

---

[1] 此部分内容参考了原和西条的研究（2017）。
[2] 此部分内容参考了西村等的研究（2018）。

虽然人们一直在讨论各种各样的方法，但按照现在的做法，往往需要开两次研究会，每次开两天，非常花时间和耗体力。其效果也在很大程度上依赖于引导师的技能，这会成为进一步推广普及时的绊脚石。因此，大家都期待着开发出一种更加节省时间、简便易行，且不过度依赖引导师的新方法。

如果可以更加简便地实践"未来设计"，就更容易将它应用于目前所没有的各种课题。在制定政策方案，推进"健康可持续的饮食生活"时，也很有可能用上。

不知不觉已经到了本书的尾声了。

请回忆一下第四章开头的问题。大家在思考这个问题时，对未来的想象有多少？估计大部分人只想到了"自己现在的饮食生活"和"目前地球的状况"吧。

而本章介绍的符合柳叶刀标准的"健康可持续的饮食生活"的出发点是未来视角。如果大家的想法和柳叶刀标准出入较大，主要原因也许就在于视角的不同。是否从"后代的未来"的角度探讨问题，是一个尤其主要的区别。

一般来讲，生活在现代社会，要想从后代的视角看问题是很难的。但如果是关于"饮食"的话题，要想象出 50 年后甚至 100 年后的未来人所期待的"饮食"并没有那么难。

"饮食"是人们非常根本且熟悉的活动，我们想要的"饮食"在未来 50 年或 100 年内不会有很大变化。现在我们觉得非常美味的食物，未来的人们同样也会觉得美味。

但是，即便人们的欲求不变，"饮食"方面的情况也是一直在急剧变化着的。而且大概率是朝着坏的方向变化。如果维持现状，比如，即使现在可以只吃自己喜欢的便宜又美味的食物，但再过 50 年甚至 100 年，那些食品很有可能贵到普通人无法接受，人们无法再吃了。比如，明明是普通的牛肉，但将来有可能会贵到 5000 日元 /100 g。就连现在的我们也能感同身受地理解未来人们"吃不到美味食物"的那种损失感吧。

因此，当我们从未来的角度思考今后的"饮食"时，最难实际感受到的、十分欠缺的感觉就是，我们现在的"饮食"密切关系到未来的"饮食"与地球环境。

本书的目的之一正是想让大家深刻感受到这点。

从第一章读到这里，经过了对"最理性的饮食生活"的各种思考之后，如果对这一点的印象有一点点加深的话，接下来就请一边想象后代的生活，一边重新审视我们的日常生活吧！这样就没有任何的时间和选择余地了。也期待大家可以更加感同身受地理解柳叶刀标准的饮食生活开始广受支持的理由。

本书至此就结束了，但大家每天的"饮食生活"还会继续下去。如何实际运用本书中学到的"看待'饮食'的方法"，就看你们的了。但请大家记住，哪怕是平时一点小小的变化，日积月累的坚持都会收获很大的效果。作为本书的结语，希望大家在读完此书之后，能对食品经济学产生哪怕一点点兴趣的话，就再好不过了。

参考文献

Alexandratos, N. and Bruinsma, J.（2012）. "World Agriculture towards 2030/2050: the 2012 revision." FAO, Rome: ESA Working paper, Vol. 12, No. 3.

Arouna, A., Michler, J.D., Yergo, G., Wilfried, and Saito, K.（2021）"One Size Fits All? Experimental Evidence on the Digital Delivery of Personalized Extension Advice in Nigeria." American Journal of Agricultural Economics, 103（2）: 596-619.

Banik, P., Midya, A., Sarkar, B.K., and Ghose, S.S.（2006）"Wheat and Chickpea Intercropping Systems in an Additive Series Experiment: Advantages and Weed Smothering." European Journal of Agronomy, 24: 325–32.

Brune, L., Gine, X., Goldberg, J., and Yang, D.（2011）"Commitments to Save: A Field Experiment in Rural Malawi." World Bank Policy Research Working Paper No. 5748.

CE Delft（2021）"LCA of Cultivated Meat: Future Projections for Different Scenarios." CE Delft, Delft.

Chakrabarti, S., Kishore, A., and Roy, D.（2018）"The Effectiveness of Food Subsidies in Raising Healthy Food Consumption: Public Distribution of Pulses in India." American Journal of Agricultural Economics, 100（5）: 1427-1449.

Chen, X., Kaiser, H.M., and Rickard, B.J.（2015）"The Impacts of Inclusive and Exclusive Taxes on Healthy Eating: An Experimental

Study." Food Policy, 56: 13-24.

Christensen, J.H., Hewitson, B., Busuioc, A., Chen, A., Gao, X., Held, I., ..., and Whetton, P.（2007）"Regional climate projections. Climate Change 2007: The Physical Science Basis. Contribution of Working Group I to the Fourth Assessment Report of the Intergovernmental Panel on Climate Change." Solomon, S., Qin, D., Manning, M., Chen, Z., Marquis, M., Averyt, K.B., Tignor, M., and Miller, H.L. Eds., Cambridge University Press, Cambridge, 847-940.

Cummins, S., Flint, E., and Matthews, S.A.（2014）"New Neighborhood Grocery Store Increased Awareness Of Food Access But Did Not Alter Dietary Habits Or Obesity." Health Affairs, 33（2）: 281-291.

Debnam, J.（2017）"Selection Effects and Heterogeneous Demand Responses to the Berkeley Soda Tax Vote." American Journal of Agricultural Economics, 99: 1172–1187.

Datta, S. and Mullainathan, S.（2014）"Behavioral Design: a New Approach to Development Policy." Review of Income and Wealth, 60（1）: 7-35.

Dubois, P., Albuquerque, P., Allais, O., Bonnet, C., Bertail, P., Compris, P., ..., and Chandon, P.（2021）"Effect of Front-of-Pack Labels on the Nutrition Quality of Supermarket Food Purchases: Evidence from a Large-Scale Randomized Controlled Trial." Journal of Academy of Marketing Science, 49: 119-138.

Duflo, E., Kremer M., and Robinson, J.（2008）"How High Are Rates of Return to Fertilizer? Evidence from Field Experiments in Kenya," American Economic Review: Papers & Proceedings, 98（2）, 482–88.

Duflo, E., Kremer M., and Robinson, J.（2011）"Nudging Farmers to Use Fertilizer: Evidence from Kenya," American Economic Review, 101（6）, 2350–90.

EAT-Lancet Commission. (2019) "The EAT-Lance Commission Summary Report." https://eatforum.org/eat-lancet-commission/eat-lancet-commission-summary-report/

FAO (2019) "Water Use in Livestock Production Systems and Supply Chains - Guidelines for Assessment (version 1)." FAO. Rome.

FAO (2020) "The State of Food and Agriculture 2020: Overcoming Water Challenges in Agriculture." FAO, Rome.

FAO. (2021) "Looking at Edible Insects from a Food Safety Perspective. Challenges and Opportunities for the Sector." FAO, Rome.

Fichera, E. and von Hinke, S. (2020) "The Response to Nutritional Labels: Evidence from a Quasi-Experiment." Journal of Health Economics, 72, 102326,

Greene, K.N., Gabrielyan, G., Just, D.R., and Wansink, B. (2017) "Fruit-Promoting Smarter Lunchrooms Interventions: Results From a Cluster RCT." American Journal of Preventive Medicine, 52 (4):451-458.

George, C.M., Monira, S., Zohura, F., Thomas, E.D., Hasan, M.T., ... and Alam, M. (2020) "Effects of a Water, Sanitation, and Hygiene Mobile Health Program on Diarrhea and Child Growth in Bangladesh: A Cluster-randomized Controlled Trial of the Cholera Hospital-based Intervention for 7 Days (CHoBI7) Mobile Health Program." Clinical Infectious Diseases, ciaa754, https://doi.org/10.1093/cid/ciaa754.

GFI / the Good Food Institute (2021) "The Science of plant-based meat." https://gfi.org/science/the-science-of-plant-based-meat/

Hanks, A.S., Just, D.R., and Wansink, B. (2013) "Preordering School Lunch Encourages Better Food Choices by Children." JAMA Pediatrics,167 (7): 673–674.

Hanks, A.S., Just, D.R., and Brumberg A. (2016) "Marketing Vegetables in Elementary School Cafeterias to Increase Uptake." Pediatrics, 138 (2): e20151720.

Hoffmann V., Fooks, J.R., and Messer, K.D. (2014) "Measuring and Mitigating HIV Stigma: a Framed Field Experiment." Economic Development and Cultural Change, 62 (4):701–726.

Heady, D.D. and Alderman, H.H. (2019) "The Relative Calories Prices of Healthy and Unhealthy Foods Differ Systematically across Income Levels and Continents." The Journal of Nutrition, 149 (11): 2020-2033.

Hepburn, J., Laborde, D., Parent, M., and Smaller, C. (2021) "COVID-19 and Food Export Restrictions: Comparing today's situation to the 2007/08 price spikes." International Institute for Sustainable Development (IISD) https://www.jstor.org/stable/resrep26562.

Hirvonen, K., Bai, Y., Headey, D., and Masters, W.A. (2020) "Affordability of the EAT-Lancet Reference Diet: a Global Analysis." The Lancet Global Health, 8 (1): E59-E66.

Inje, O.F., Olufunmilayo, A.H., Audu, J.A., Ndaman, S.A., and Chidi, E.E. (2018) "Protein Quality of Four Indigenous Edible Insect Species in Nigeria." Food Science and Human Wellness, 7: 175-183.

IPCC (2014) "Climate Change 2014 Synthesis Report." the Core Writing Team, Pachauri, R., and Meyer, L. Eds., Cambridge University Press, Cambridge.

Jongema, Y. (2017) "List of Edible Insect Species of the World." Laboratory of Entomology, Wageningen University, the Netherlands.

Just, D.R. and Hanks., A.S. (2015). The Hidden Cost of Regulation: Emotional Responses to Command and Control. American Journal of Agricultural Economics 97: 1385–1399.

Kremer, M., Miguel, E., Mullainathan, S., Null, C., and Zwane, A. (2009) "Making water safe: Price, persuasion, peers, promoters, or product

design?" Working Paper, Harvard University, Cambridge, MA
Larochelle, C., Alwang, J., Travis, E., Barrera, V.H., and Dominguez Andrade, J.M..（2019）"Did You Really Get The Message? Using Text Reminders to Stimulate Adoption of Agricultural Technologies." The Journal of Development Studies, 55(4):548–64.
Lawman, H.G., Veur, S.V., Mallya, G., McCoy, T.A., Wojtanowski, A., Colby, L.,..., and Foster, G.（2015）"Changes in Quantity, Spending, and Nutritional Characteristics of Adult, Adolescent and Child Urban Corner Store Purchases after an Environmental Intervention." Preventive Medicine, 74: 81–85.
Loewenstein, G. and Prelec, D.（1992）. "Anomalies in Intertemporal Choice: Evidence and an Interpretation.".The Quarterly Journal of Economics..107（2）: 573–597.
Main, D.（2015）"Two Numbers: Animal Manure a Growing Headache in America." Newsweek Magazine, December 8, 2015.
Marcu,.A. Vangenechten, D., Alberola, E., Olsen, J., Caneill, J.Y., Schleicher, S., and Rafael, R.（2020）. "2020 State of the EU ETS Report." ERCST, Wegener Center, BloombergNEF and Ecoact.
McCallum, S.C., Cerroni, S., Derbyshire, D., Hutchinson, W.G., and Nayga, R.M. Jr.（2021）"Consumers' Responses to Food Fraud Risks: an Economic Experiment." European Review of Agricultural Economics, forthcoming,
Mekonnen, M.M. and Hoekstra, A.Y.（2010）"The Green, Blue and Grey Water Footprint of Farm Animals and Animal Products: volume 1: Main report." Value of Water Research Report Series No 48. UNESCO-IHE.
Messer, K.D., Kaiser, H.M., Payne, C.R., and Wansink, B.（2011）"The Inoculating Effect of Generic Advertising: Can Consumers' Concerns About Mad Cow Disease Be Reduced by Advertising?" Applied

Economics, 43（12）: 1535-1549.

Ministry of Planning Cambodia.（2011）"Food Security Trend Analysis Report: Cambodia Socio-Economic Surveys 2004 and 2009."

Muhammad, A., Seale, J.L., Meade, B.Jr., and Regmi, A.（2005）"International Evidence on Food Consumption Patterns: An Update Using 2005 ICP Data." Technical Bulletin No. TB-1929, USDA.

NPR.（2019）"U.S. Soda Taxes Work, Studies Suggest — But Maybe Not As Well As Hoped".NPR.org.

OECD（2021）"Effective Carbon Rates 2021: Pricing Carbon Emissions through Taxes and Emissions Trading." OECD Publishing, Paris, https://doi.org/10.1787/0e8e24f5-en.

OECD（2020）"Taxation in Agriculture." https://www.oecd-ilibrary.org/sites/073bdf99-en/index.html?itemId=/content/publication/073bdf99-en

Payne, C. and Niculescu, M.（2018）"Can Healthy Checkout End-Caps Improve Targeted Fruit and Vegetable Purchases? Evidence from Grocery and SNAP Participant Purchases." Food Policy, 79: 318–323.

Rumpold, B.A., and Schluter, O.K.（2013）"Nutritional Composition and Safety Aspects of Edible Insects." Molecular Nutrition & Food Research, 57: 802-823.

Sadoff, S., Samek, A., and Sprenger, C.（2020）"Dynamic Inconsistency in Food Choice: Experimental Evidence from Two Food Deserts." Review of Economic Studies, 87: 1954-1988.

Schroeder, K., Lampiet ti, J., and Elabed, G.（2021）"What's Cooking : Digital Transformation of the Agrifood System." Agriculture and Food Series, Washington, DC, World Bank.

Segovia, M.S., Palma, M.A., and Nayga, R.M. Jr.（2020）"Can Episodic Future Thinking Affect Food Choices?" Journal of Economic and

Behavior and Organization, 177:371-389.

Shimokawa, S.（2016）"Why Can Calorie Posting Be Apparently Ineffective? Roles of Two Conflicting Learning Effects." Food Policy, 64:107-120.

Shimokawa, S., Kudo, H., Kito, Y., Yamaguchi, M., and Niiyama, Y.（2021a）"Distinguishing Attitude and Belief Expressions from Economic Preferences in Long-Lasting Aversion in Food Choice." The 31st International Conference for Agricultural Economists, Online, August 17-31.

Shimokawa, S., Hu, D., Li, D., and Cheng, H.（2021b）"The Urban-Rural Gap in the Demand for Food Safety in China: the Role of Food Label Knowledge." Agricultural Economics, 52（2）: 175-193.

Silver, L.D., Ng, S.W., Ryan-Ibarra, S., Taillie, L.S., Induni, M., Miles, D.R., Poti, J.M., and Popkin, B.M.（2017）"Changes in Prices, Sales, Consumer Spending, and Beverage Consumption One Year after a Tax on Sugar-Sweetened Beverages in Berkeley, California, US: a Before-and-After Study." PLoS Medicine, 14: e1002283.

Smed, S., Scarborough, P., Rayner, M., and Jensen, J.D.（2016）"The Effect of the Danish Saturated Fat Tax on Food and Nutrient Intake and Modelled Health Outcomes: an Econometric and Comparative Risk Assessment Evaluation." European Journal of Clinical Nutrition, 70: 681-686.

Taber D.R., Chriqui, J.F., Powell, L.M., and Chaloupka, F.J.（2012）"Banning All Sugar-Sweetened Beverages in Middle Schools: Reduction of In-School Access and Purchasing but Not Overall Consumption." Archives of Pediatrics & Adolescent Medicine, 166（3）: 256–262.

Thaler, R. H.（1981）"Some Empirical Evidence on Dynamic Inconsistency", Economic Letters, 8, 201-207.

UNEP（2021）"Food Waste Report 2021."
UNICEF（2021）Data-Diarrhea, https://data.unicef.org/topic/child-health/diarrhoealdisease/.
Wansink, B., Soman, D., Herbst, K., and Payne, C.R.（2014）"Partitioned Shopping Carts: Assortment Allocation Cues that Increase Fruit and Vegetable Purchases." Available at SSRN:.https://ssrn.com/abstract=2473647.
Willett, W., J. Rockstrom, B. Loken, M. Springmann, T. Lang, ..., and C. Murray.（2019）."Our Food in the Anthropocene: The EAT-Lancet Commission on Healthy Diets from Sustainable Food Systems." The Lancet. 1-47.

国際獣疫事務局 OIE "Bovine spongiform encephalopathy"（2021）https://www.oie.int/en/disease/bovine-spongiform-encephalopathy/.〔2021.6.17 に参照〕
築城幹典、原田靖生（1997）「我が国における家畜排泄物発生の実態と今後の課題」、環境保全と新しい畜産、農林水産技術情報協会, pp. 15-29.
西村直子、井上信宏、武者忠彦（2018）「未来人を呼び寄せる討議デザイン」『学術の動向』6月号、「特集フューチャー・デザイン」、日本学術会議, pp. 20-23.
原圭史郎、西條辰義（2017）「フューチャーデザイン　参加型討議の実践から見える可能性と今後の展望」、水環境学会誌、40巻4号, pp. 112-116.
フューチャー・デザイン研究所　http://www.souken.kochi-tech.ac.jp/seido/practice/index.html （2021年10月21日にアクセス）